Najeem Olawale ADELAKUN

MÉTODOS DE APRENDIZAGEM PROFUNDA PARA ANÁLISE DE SENTIMENTOS UTILIZANDO MODELOS BERT E GRU

Najeem Olawale ADELAKUN

MÉTODOS DE APRENDIZAGEM PROFUNDA PARA ANÁLISE DE SENTIMENTOS UTILIZANDO MODELOS BERT E GRU

ScienciaScripts

Imprint
Any brand names and product names mentioned in this book are subject to trademark, brand or patent protection and are trademarks or registered trademarks of their respective holders. The use of brand names, product names, common names, trade names, product descriptions etc. even without a particular marking in this work is in no way to be construed to mean that such names may be regarded as unrestricted in respect of trademark and brand protection legislation and could thus be used by anyone.

Cover image: www.ingimage.com

This book is a translation from the original published under ISBN 978-620-8-01279-3.

Publisher:
Sciencia Scripts
is a trademark of
Dodo Books Indian Ocean Ltd. and OmniScriptum S.R.L publishing group

120 High Road, East Finchley, London, N2 9ED, United Kingdom
Str. Armeneasca 28/1, office 1, Chisinau MD-2012, Republic of Moldova, Europe
Printed at: see last page
ISBN: 978-620-8-21000-7

DEDICAÇÃO

Dedico este projeto a Deus Todo-Poderoso, que me deu conhecimento, poder e sabedoria para levar a cabo este projeto. Dedico-o também à minha adorável esposa pelo apoio e motivação durante todo o programa.

RECONHECIMENTO

Agradeço a Alá todo-poderoso o conhecimento e a sabedoria que me permitiram embarcar neste louvável projeto e a graça de o concluir. Baale, que me ajudou com sugestões de estímulo e encorajamento durante o período de investigação do projeto, e também a todos os professores e funcionários do departamento de Informática. Agradeço também o apoio que sempre recebi do meu inevitável e erudito mentor, Engr. Okoye, sem esquecer o esforço do Engr. Olajide, que tem sido a minha fonte de inspiração.

Os meus profundos agradecimentos à minha família por ter estado sempre ao meu lado, para se certificar de que eu alcançava e cumpria a minha missão. Rezo para que Alá Todo-Poderoso continue a guiar e a proteger-vos a todos. Ficarei eternamente grato ao Diretor do Centro de Estudos de Iwo, Dr. Oyebode, por ter criado um ambiente propício ao meu sucesso académico.

Agradeço à minha amada esposa, Sra. A. Adelakun, e aos meus filhos Jamaaldeen e Islamiat, que são ambos maravilhosos, e estaria incompleto se não agradecesse às minhas irmãs e irmãos, Sra. Onakoya, Sra. Yussuf, Nurudeen, Akeem e Sodiq, pela sua moral e encorajamento, que me ajudaram a atingir este nível académico.

Por último, quero agradecer a todos os meus amigos e colegas que contribuíram para o êxito deste trabalho de projeto; agradeço-vos a todos.

RESUMO

No mundo em constante evolução dos mercados financeiros, compreender o sentimento dos investidores é crucial para a tomada de decisões estratégicas. As ferramentas tradicionais de análise do sentimento têm muitas vezes dificuldade em captar as complexidades das emoções do mercado. A motivação deste projeto surge da necessidade de empregar algoritmos avançados de aprendizagem profunda para analisar padrões de sentimento intrincados em dados financeiros. A análise de sentimentos tornou-se uma técnica vital para interpretar o feedback dos clientes, avaliar a reputação da empresa e identificar as tendências do mercado. As informações obtidas a partir destes dados podem melhorar os produtos e serviços, aumentar a satisfação dos consumidores e facilitar a tomada de decisões comerciais mais informadas. Para a análise do sentimento das avaliações do mercado financeiro, este projeto utilizou dois algoritmos de aprendizagem profunda: o Gated Recurrent Unit (GRU) e o Bidirectional Encoder Representations from Transformers (BERT). A metodologia proposta incluiu vários processos chave: recolha de dados, pré-processamento de dados, downsampling de dados, classificação e avaliação de sentimentos. O desempenho do modelo foi avaliado utilizando uma série de métricas de desempenho estabelecidas, incluindo perda, exatidão, precisão, recordação e valores de pontuação F1. Os resultados indicam que o modelo GRU alcançou uma exatidão de 93,4%, com uma precisão de 94,09% e uma recuperação de 92,53%, resultando numa pontuação F1 de 93,30%. Em contrapartida, o modelo BERT obteve uma exatidão de 94,28%, com uma precisão de 95,27% e uma recuperação de 95,15%, resultando numa pontuação F1 de 95,21%. Tanto em termos de exatidão como de velocidade de processamento, o modelo BERT superou o modelo GRU. Ambos os modelos podem ser utilizados de forma eficaz para realizar análises de sentimento nas redes sociais e em análises de produtos, prever preços de acções e identificar potenciais oportunidades de investimento com o mínimo de perda de informação, apoiando assim uma previsão financeira e um planeamento estratégico mais precisos.

ÍNDICE DE CONTEÚDOS

CAPÍTULO UM

INTRODUÇÃO

1.1 Antecedentes do estudo

O rápido avanço da tecnologia digital e o advento de plataformas dinâmicas de redes sociais levaram muitas empresas, instituições e estabelecimentos a mudar os seus canais de marketing para plataformas de redes sociais, a fim de obterem maior visibilidade. O Twitter, o Facebook, o Tumbler e outras plataformas de redes sociais evoluíram ao longo da última década, sendo o Twitter um dos mais famosos sítios de microblogging com um notável crescimento diário de utilizadores (Michalak, 2016). De acordo com Uymaz& Metin (2022), a escrita é frequentemente reconhecida como um dos meios mais importantes para expressar os nossos pensamentos e sentimentos. Consequentemente, os utilizadores podem utilizar o Twitter para transmitir as suas ideias, sentimentos, emoções, opiniões, críticas, etc., sobre qualquer assunto, em linguagem natural e em 140 caracteres. Por outro lado, a crescente popularidade do jargão, dos emoticons, das abreviaturas e das piadas nos tweets tornou impossível investigar os tweets da mesma forma que anteriormente (Chauhan et al., 2018). Do mesmo modo, o rápido crescimento para além dos 4,54 mil milhões de utilizadores activos da Internet, bem como a melhoria diária da tecnologia, tornaram necessária a análise de sentimentos ou a extração de opiniões (Adelakun et al., 2020; Kurniasari & Setyanto, 2020).

Asghar et al. (2014) descrevem o sentimento como o ponto de vista, a opinião, a avaliação ou o sentimento de uma pessoa relativamente a um evento, produto ou serviço específico. Assim, a análise de sentimentos, também conhecida como extração de opiniões, é a avaliação ou interpretação dos pensamentos, opiniões e emoções das pessoas em relação a entidades com base em expressões textuais, que podem ser utilizadas para extrair caraterísticas de enormes volumes de dados utilizando diferentes abordagens de aprendizagem automática, processamento de linguagem natural (PNL) e modelos estatísticos (Alslaity & Orji, 2024; Cen et al., 2020; Habimana et al., 2020). A análise de sentimentos surgiu como uma ferramenta fundamental para obter informações das redes sociais; é utilizada em muitas circunstâncias do mundo real para obter feedback sobre qualquer produto ou serviço, bem como para previsões de marketing (Adelakun, 2023b; Garg, 2016). Esta área de estudo atraiu recentemente muita atenção tanto do meio académico como da indústria; tem muitas barreiras difíceis de investigação, mas uma vasta gama de aplicações. O domínio cresceu ao ponto de poder ser aplicado numa vasta gama de sectores, incluindo o marketing, a saúde, a educação, a banca e a política (Adelakun, 2023c; Iglesias & Moreno, 2019). As informações factuais nos mercados financeiros podem indicar um sentimento positivo ou negativo, mas as técnicas de granularidade fina apenas procuram um sentimento explícito (Chaturvedi et al., 2018; Kauter et al., 2015).

Muitas iniciativas de investigação no domínio do processamento da linguagem natural (PLN) são prejudicadas pelas arquitecturas de aprendizagem automática e de aprendizagem profunda. A PNL é uma importante disciplina da inteligência artificial que ajuda os computadores a interpretar a linguagem humana falada e escrita (Adelakun, 2024; Balakrishnan et al., 2010). Existem duas formas de técnicas de aprendizagem automática: modelos convencionais e modelos de aprendizagem profunda. O classificador Naive Bayes, o classificador de entropia máxima e as máquinas de vectores de apoio (SVM) são exemplos de técnicas convencionais de aprendizagem automática. Como entrada, estes algoritmos utilizam caraterísticas lexicais, atributos baseados no léxico, partes do discurso ou adjectivos e advérbios. A análise de sentimentos convencional considera apenas a modalidade de texto e obtém informações sobre sentimentos a partir da relação semântica entre frases; no entanto, algumas expressões únicas, como a ironia e o exagero, são difíceis de detetar apenas através do texto. A análise de sentimentos multimodal combina informações visuais e sonoras ricas para além do texto e utiliza a análise de fusão para definir particularmente a polaridade implícita do sentimento, nomeadamente: positiva, negativa e neutra (Zhu et al.).

Os algoritmos de aprendizagem profunda têm o potencial de ultrapassar os algoritmos convencionais. A Rede Transformadora (TN), a Rede Neuronal Recorrente (RNN), a Rede Neuronal Profunda (DNN), a Rede Neuronal Recursiva (RvNN) e a Rede Neuronal Híbrida (HNN) são modelos de aprendizagem profunda para a análise de sentimentos. Estas abordagens tratam as restrições de classificação ao nível do documento, da frase ou do aspeto. Os modelos recentes de aprendizagem profunda, como o Gated Recurrent Unit (GRU) e o Bidirectional Encoder Representations from Transformers (BERT), superaram os modelos de classificação tradicionais, como o Naive Bayes, o Decision Tree e outros (Quraishi, 2020; Sudhir & Suresh, 2021), o que levou a uma investigação sobre os dois algoritmos recentes de aprendizagem profunda.

1.2 Declaração do problema

Compreender e prever os sentimentos do mercado é crucial para os investidores, comerciantes e analistas financeiros no mundo instável dos mercados financeiros. No entanto, o vocabulário complexo e as tendências que mudam frequentemente nos textos financeiros criam barreiras notáveis para uma análise de sentimentos fiável. Este trabalho tenta ultrapassar esta questão explorando a utilização dos modelos BERT e GRU de forma independente. O problema consiste em avaliar a eficácia destes modelos na análise de variações complexas da linguagem financeira e na captura de tendências sensíveis ao tempo no conjunto de dados. A base para esta investigação surge dos possíveis benefícios que proporciona, tais como a melhoria da tomada de decisões, a gestão de riscos e a previsão de tendências de mercado. Ao compreender eficazmente os sentimentos no interior dos dados financeiros, estes modelos podem proporcionar uma vantagem na previsão das flutuações do mercado, acabando por fornecer aos profissionais financeiros informações úteis.

1.3 Finalidade e objectivos

1.3.1 Objetivo do estudo

O objetivo deste projeto é analisar os sentimentos utilizando técnicas de aprendizagem profunda.

1.3.2 Objectivos do estudo

Os objectivos do estudo são os seguintes:

1. Desenvolver e treinar os modelos Gated Recurrent Unit (GRU) e Bidirectional Encoder Representations from Transformers (BERT) para análise de sentimentos utilizando um conjunto de dados do mercado financeiro.
2. Para avaliar o desempenho dos modelos GRU e BERT na classificação de sentimentos
3. Comparar o desempenho dos modelos GRU e BERT.
4. Investigar o impacto das caraterísticas do conjunto de dados no desempenho do modelo.

1.4 Importância do estudo

A importância deste estudo resulta do seu potencial para transformar a análise de sentimentos através da aplicação distinta dos modelos BERT e GRU. Podemos obter novos conhecimentos sobre as suas capacidades de interpretação de sentimentos em fontes textuais variadas, analisando minuciosamente o seu desempenho. Este estudo fornece uma avaliação crítica da tecnologia de ponta, ajudando os profissionais a tomar decisões informadas sobre a seleção de modelos. Os resultados da investigação podem ajudar a melhorar a análise de sentimentos em disciplinas como o marketing, as ciências sociais e a análise do feedback dos clientes. Além disso, é benéfico para toda a disciplina de processamento de linguagem natural, ao melhorar a nossa compreensão dos pontos fortes e dos limites dos modelos avançados. Por último, ao refletir sobre as caraterísticas distintas do BERT e do GRU, este estudo fornece aos académicos e aos profissionais todo o potencial destas tecnologias.

1.5 Âmbito do estudo

O estudo limita-se à análise de sentimentos de dados textuais e não abrange outras modalidades, como imagens, áudio ou vídeo. O projeto centra-se na utilização dos modelos BERT e GRU na análise de sentimentos nos mercados financeiros. O estudo investiga a capacidade destes modelos para compreender com precisão os sentimentos do mercado utilizando um conjunto de dados de 5842 exemplos de treino e 2600 amostras de teste do domínio financeiro. O âmbito inclui a avaliação da capacidade dos modelos para interpretar terminologia financeira complexa e capturar ligações temporais encontradas em textos relacionados com o mercado. O projeto pretende avaliar os pontos fortes específicos do BERT e do GRU na antecipação das mudanças de sentimento do mercado através de experimentação e análise exaustivas. Os resultados poderão fornecer informações úteis para decisões de investimento, avaliação de riscos e previsão de tendências de mercado, bem como um quadro viável para os profissionais financeiros empregarem eficientemente ferramentas sofisticadas de pesquisa de sentimentos.

1.6 Limitações do estudo

Ao investigar a utilização dos modelos BERT e GRU para a análise do sentimento nos mercados financeiros, há que ter em conta alguns limites. O facto de o estudo se basear num conjunto de dados de treino de 5842 amostras e 2600 amostras de teste pode limitar a generalização dos resultados, talvez ignorando circunstâncias de mercado raras. Além disso, a análise do sentimento em ambientes financeiros implica um vocabulário complexo, sinais de mercado pouco claros e interpretações subjectivas, que estes algoritmos podem ter dificuldade em captar eficazmente. O desempenho do BERT e do GRU também pode ser influenciado por variações rápidas no sentimento do mercado e pelo panorama financeiro dinâmico, que não são totalmente captados durante a duração do conjunto de dados. Além disso, devido à complexa interação entre a linguagem financeira e a dinâmica do mercado, podem surgir problemas de otimização do modelo, de ajustamento dos hiperparâmetros e de potencial sobreajustamento. O reconhecimento destes condicionalismos é fundamental para a interpretação.

1.7 Definição operacional dos termos

Conjunto de dados: É uma coleção de dados utilizada para treinar o modelo; é frequentemente utilizada para ensinar o algoritmo de aprendizagem automática a fazer previsões.

Tokenização: É o processo de troca de dados sensíveis por símbolos de identificação distintos que mantêm todos os detalhes necessários dos dados, mantendo a sua segurança.

Pré-processamento: É o processo de transformar dados brutos numa forma útil para o desenvolvimento e treino de modelos de aprendizagem automática.

Stemming: é uma técnica que permite repor uma palavra na sua forma primária, eliminando o sufixo. É por vezes referida como a técnica de normalização, que é um método de economia de computação utilizado no processamento de linguagem natural.

Incorporação: É uma técnica para expressar a semântica inter-palavras, incorporando cada palavra como vectores de valor real num espaço de dimensão inferior. Cada palavra é denotada por um vetor de valor real até um certo número de variáveis.

Lemmatização: é o processo pelo qual a palavra gerada após o corte do sufixo é sempre significativa e produz a forma dicionarizada de uma palavra, ou seja, não produz nenhuma palavra incorrecta.

Pré-treinado: Descreve um método em que é utilizado um modelo ou uma rede armazenada desenvolvida por outra pessoa e treinada num conjunto de dados considerável para resolver um problema relacionado.

A negação: Tornou-se uma das técnicas linguísticas mais utilizadas para alterar a polaridade do texto. Como resultado, a negação deve ser considerada na análise de sentimentos. A ordem das frases numa frase que é afetada por palavras de negação como "não", "não" e "nunca" depende do tamanho do âmbito da expressão negativa.

Redução da amostragem: Implica o treino utilizando uma seleção desproporcionadamente pequena de amostras da classe maioritária. Por outras palavras, permite construir modelos mais pequenos a partir de classes de modelos maiores.

Época: O número total de ciclos necessários para treinar o modelo de aprendizagem automática, aplicando todos os dados de treino de uma só vez, é designado por época. É ponderado em ciclos.

Exatidão: É determinada dividindo o número de sentimentos previstos com exatidão pelo número total de sentimentos no conjunto de dados de teste. Apresenta a percentagem de atitudes que o modelo previu com exatidão. No entanto, a exatidão pode ser enganadora se o conjunto de dados for desigual.

Precisão: Mede o número de pensamentos favoráveis previstos que foram efectivos. É calculada dividindo o número total de previsões de sentimentos positivos pelo número total de previsões positivas efectivas.

Recuperação: Avalia quantas das visualizações positivas reais foram previstas como positivas pelo modelo. É calculada dividindo a quantidade total de sentimentos positivos pela quantidade de sentimentos positivos corretamente previstos.

Pontuação F1: É uma mistura de exatidão e de recuperação que produz um valor único que caracteriza o desempenho do modelo. É calculada através da média harmónica da precisão e da recuperação. Uma pontuação F1 mais elevada implica que o modelo de análise de sentimentos teve um bom desempenho.

CAPÍTULO DOIS

REVISÃO DA LITERATURA

2.1 Visão geral

O capítulo fornece pormenores sobre a análise de sentimentos, abrangendo os três níveis básicos de categorização e as abordagens de análise de sentimentos. Inclui também técnicas como a rede transformadora, a rede neural recorrente, a rede neural profunda, a rede neural recursiva e a rede neural híbrida. Antes de descrever o quadro de investigação para o estudo, o capítulo investiga as tecnologias e metodologias existentes para efetuar a análise computacional fundamental de sentimentos e opiniões, bem como os contributos feitos na análise de sentimentos.

2.2 Análise do sentimento

A análise de sentimentos (AS), também conhecida por extração de opiniões ou extração contextual, é considerada a área de estudo com maior crescimento nas últimas duas décadas. Ajuda na identificação e quantificação de dados no processamento de linguagem natural (PNL), na linguística computacional, na análise de texto e noutros domínios, aplicando abordagens de aprendizagem automática para reconhecer textos subjectivos e extrair informações úteis dos dados textuais fornecidos (Kokab et al., 2022). O texto pode ser binário, positivo ou negativo, ou mesmo neutro, ou classificado numa escala de n pontos, como "muito mau", "mau", "satisfatório", "bom" ou "muito bom". Cada um dos grupos anteriores contribui para a criação de um sentimento. Este método permite às empresas avaliar a aceitação dos seus produtos no mercado e desenvolver estratégias para os melhorar (Yafoz, 2020).

Como se pode ver na Fig. 2.2, uma técnica de análise de sentimentos pode ser classificada em quatro grandes tipos. Técnicas baseadas no léxico, técnicas de aprendizagem automática, técnicas híbridas e outras. As primeiras técnicas de análise de sentimentos eram baseadas no léxico; envolviam a avaliação de uma série de termos de sentimentos que foram compilados num léxico de sentimentos, que é ainda classificado em abordagens manuais, de dicionário e baseadas em corpus que utilizam ferramentas conceptuais ou estatísticas para avaliar o grau de polaridade dos sentimentos. A categorização do sentimento é efectuada num léxico baseado em dicionário, utilizando um corpus de termos da SentiWordNet e da WordNet (Aarthi et al., 2024). Enquanto o sentimento baseado em corpus se baseia numa análise estatística do conteúdo de uma série de textos, abordagens como k-NN, modelos ocultos de Markov (HMM) e campos aleatórios condicionais (CRF) baseiam-se numa análise estatística do conteúdo de uma coleção de textos.

O segundo método utiliza métodos proeminentes de aprendizagem automática (ML) e caraterísticas linguísticas. Existem três tipos: supervisionado, não supervisionado e semi-supervisionado. A abordagem de aprendizagem automática supervisionada divide-se em linear, baseada em regras, probabilística, árvore de decisão, conjunto e aprendizagem profunda (Mehta & Pandya, 2020); o classificador linear divide-se em máquina de vectores de suporte e rede neural; o classificador probabilístico em classificador bayesiano, classificador de entropia máxima e classificador Naive Bayes; e o classificador de aprendizagem profunda em rede transformadora, rede neural recorrente, rede neural profunda, rede neural recursiva e rede neural híbrida. Existem duas formas de aplicar a aprendizagem automática não supervisionada: hierárquica e particionada. Do mesmo modo, existem cinco tipos de técnicas de aprendizagem automática semi-supervisionada: generativa, co-treino, auto-treino, aprendizagem multi-vista e baseada em gráficos.

A abordagem híbrida incorpora as vantagens de muitas abordagens. Os métodos baseados em léxicos, aprendizagem automática e aprendizagem profunda são combinados em técnicas híbridas. Utilizando uma mistura diversificada de tecnologias, a configuração procura ultrapassar os constrangimentos e obter uma maior precisão na análise de sentimentos. O gráfico da Fig. 2.1 foi criado para oferecer uma visão geral de alguns dos algoritmos mais frequentemente utilizados nas abordagens de classificação de sentimentos. A análise de sentimentos, quer se utilize a aprendizagem profunda ou a aprendizagem automática convencional, exige a extração de dados de treino de texto antes de poderem ser utilizados para treinar o modelo de classificação (Dang et al., 2020). A próxima secção abordará as metodologias de aprendizagem profunda, uma vez que serão comparadas e avaliadas neste projeto duas técnicas fundamentais de aprendizagem profunda para a análise de sentimentos.

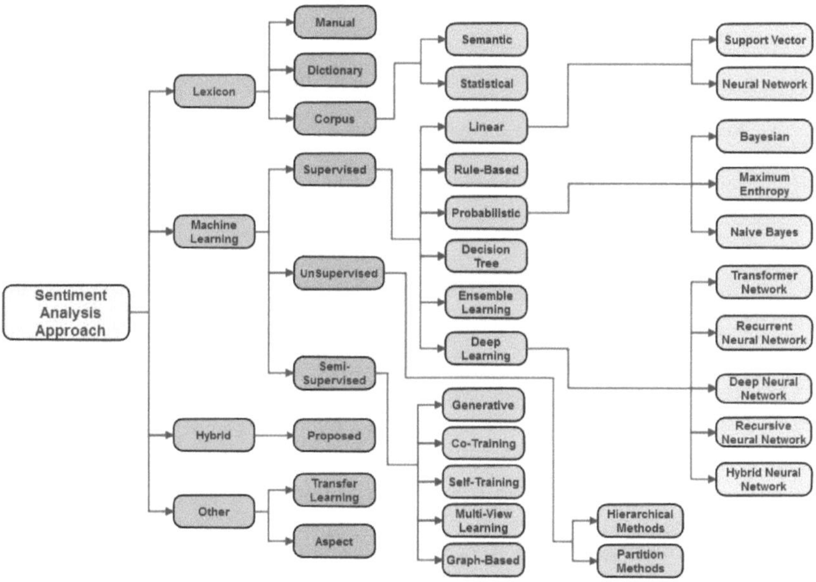

Fig. 2.1: Abordagem da análise de sentimentos (Adelakun, 2023a)

2.2.1 Níveis de classificação da análise de sentimento

A análise de sentimentos (SA) utiliza uma abordagem em três camadas para tarefas categorizadas. Os três níveis de categorização estão representados na Fig. 2.2, com o nível do documento como primeira camada, o nível da frase como segunda camada e o nível do aspeto, também conhecido como nível da caraterística, nível da palavra ou nível da frase, como terceira camada (Ray & Chakrabarti, 2022; Sharma et al., 2020).

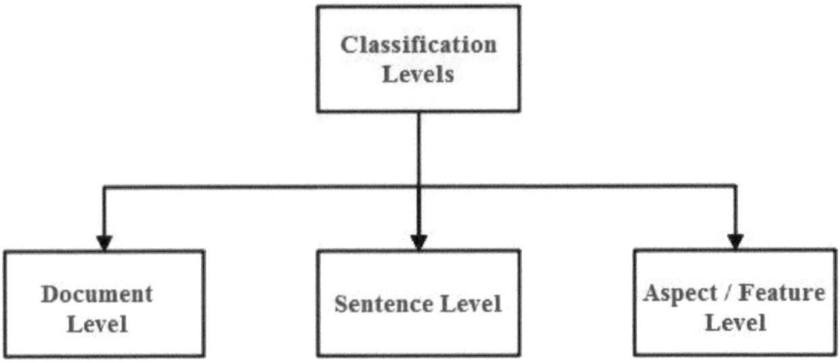

Fig. 2.2: Níveis de classificação do sentimento (Adelakun, 2023a)

A. **Nível do documento:** O método baseia-se apenas no documento; isto significa que todo o documento é tomado em consideração como um todo para a análise de sentimentos, a fim de descobrir a polaridade (Mäntylä et al., 2018). Navega através de uma rede de palavras para determinar a ideia fundamental que define todo o documento. Este método identifica significados ocultos, identificando mudanças emocionais desde as primeiras palavras até às declarações finais. É uma exploração através da paisagem emocional, monitorizando os altos e baixos do sentimento, seja alegria, tristeza ou apatia. A análise de sentimentos ao nível do documento proporciona uma compreensão holística, tendo em conta o contexto e a interação das palavras, o que a torna essencial para as empresas que avaliam a reação dos consumidores, para os académicos que investigam a opinião pública e para os autores que pretendem estabelecer uma ligação íntima com o seu público.

B. **Nível de frase**: É uma versão comprimida de um documento porque um documento é composto por frases. A categorização ao nível da frase indica que cada frase representa um ponto de vista distinto. O sentimento é avaliado para cada frase neste nível para determinar a polaridade de cada frase (Serrano-guerrero et al., 2015). A categorização é dividida em duas secções: deteção de subjetividade e deteção de opinião. A principal vantagem da análise de frases é a diferença entre subjetividade e objetividade. As frases subjectivas são formadas pelos pontos de vista e pensamentos do utilizador da declaração. Quando uma frase não contém qualquer opinião, é considerada neutra. Quando uma frase é neutra, é mais provável que seja considerada uma frase objetiva que contém informações factuais do que uma frase subjectiva que inclui ideias e opiniões subjectivas.

C. **Nível de aspeto/caraterística:** O nível de aspeto é muitas vezes referido como o nível de caraterística ou o nível de entidade. A análise ao nível do documento e da frase reflecte as preferências e aversões das pessoas. Finalmente, o resultado deste nível de aspeto exprime a conclusão como uma opinião, que é o tipo mais complexo de análise de sentimentos. Sublinha-se a importância da opinião-alvo na formação de sentimentos em relação às entidades e às suas caraterísticas. Este nível é responsável pelas críticas, feedback, comentários e queixas, entre outras coisas.

2.2.2 Aplicações da análise de sentimentos

As aplicações de análise de sentimentos abrangem uma vasta gama de sectores e domínios, cada um deles utilizando as suas competências por razões específicas.

i. **Monitorização de redes sociais e gestão de marcas:** Com a análise de sentimentos como bússola orientadora, a monitorização dos meios de comunicação social e a gestão da marca tornaram-se amigas inseparáveis. As empresas obtêm uma compreensão profunda das opiniões do público sobre os seus produtos e serviços, examinando cuidadosamente as discussões, comentários e menções nas redes sociais. Com esta informação, as marcas podem modificar rapidamente a estratégia, minimizar os maus sentimentos e impulsionar as boas interações. A combinação da investigação de sentimentos e da gestão da marca não só protege a reputação, como também gera envolvimento, transformando cada encontro em linha numa oportunidade estratégica para o desenvolvimento e ligações de longo prazo com os consumidores.

ii. **Análise do mercado financeiro:** A análise de sentimentos surge como um farol de previsão no estado volátil dos mercados financeiros. Esta análise analisa notícias, conversas nas redes sociais e dados textuais para identificar sentimentos e pontos de vista colectivos que possam ser traduzidos em informações úteis. Este monitor digital mede o estado de espírito do mercado e fornece informações aos investidores e comerciantes. A investigação de sentimentos ajuda a navegar nos fluxos e refluxos dos investimentos, fornecendo um ponto de vista mais alargado que enriquece a análise tradicional. Transforma a linguagem num barómetro da atividade do mercado, fornecendo aos decisores financeiros um melhor conhecimento dos sentimentos que orientam os padrões económicos.

iii. **Desenvolvimento e conceção de produtos:** Prospera sob o olhar atento da análise de sentimentos. Ao analisar o feedback, as classificações e as ideias dos utilizadores, esta tecnologia revela a estrutura fisiológica que é tecida nos encontros com os clientes. Encontra as qualidades que tocam um acorde harmónico, orienta a inovação e revela os aspectos que necessitam de ser melhorados. A análise de sentimentos garante que os batimentos cardíacos dos consumidores ressoam em cada iteração, promovendo bens que provocam verdadeira felicidade. Como bússola criativa, preenche a lacuna entre a visão e a realidade, criando bens que não só satisfazem exigências práticas, mas também suscitam uma poderosa ligação emocional com o público a que se destinam.

iv. **Feedback do cliente e análise de revisão:** Esta análise fornece uma infinidade de informações às organizações. Organiza ideias e sentimentos autênticos, aprofundando os aspectos emocionais das avaliações, inquéritos e formulários de feedback. Este conhecimento profundo orienta as decisões estratégicas, revelando os pontos fortes a aplaudir e as deficiências a resolver. Com cada comentário, traça um quadro completo da felicidade do consumidor, lançando as bases para um desenvolvimento contínuo. Na teia emaranhada dos mercados modernos, a pesquisa de sentimentos actua como uma bússola, orientando as empresas para a excelência centrada no cliente, cultivando a lealdade à marca e orquestrando um intrincado arranjo de produtos e serviços em constante evolução.

v. **Cuidados de saúde e sentimento do doente:** Funciona como um observador atento, detectando sentimentos latentes nos comentários dos doentes. Esta tecnologia permite que as instituições médicas afinem os planos de tratamento através da análise dos sentimentos presentes no discurso. Revela as preocupações e os prazeres dos pacientes, melhorando a experiência do tratamento. A investigação de sentimentos informa as adaptações humanas, desde os corredores dos hospitais às consultas na Internet, cultivando uma atmosfera onde a empatia e a eficiência coexistem. A análise do sentimento do doente serve de ponte nesta jornada de cura, ligando os corações dos prestadores de cuidados e dos doentes, aumentando a confiança e moldando um ecossistema de cuidados de saúde reativo que dá prioridade ao bem-estar físico e emocional.

vi. **Pesquisa de mercado e análise competitiva:** A análise de sentimentos surge como um navegador perspicaz na pesquisa de mercado e na análise competitiva. Entra na teia interligada da opinião pública, compreendendo os sentimentos contidos nas discussões e avaliações. Este alquimista digital extrai emoções colectivas, revelando mudanças nas preferências e padrões. A análise de sentimentos ajuda as empresas a desenvolver estratégias eficazes, interpretando os tons emocionais do discurso dos clientes. Esta tecnologia permite que as empresas reconheçam vantagens competitivas, reconhecendo subtilezas que as distinguem num ambiente em constante mudança. As empresas utilizam a pesquisa de sentimentos como uma bússola para navegar em mercados voláteis, onde o conhecimento dos sentimentos leva a decisões informadas e a vitórias estratégicas.

vii. **Análise da voz do cliente (VoC):** Actua como um confidente atento durante os encontros com os clientes. Ouve, decifra e destila as emoções contidas nas transcrições das chamadas, nos e-mails de apoio e nos comentários. Este empatizador digital apercebe-se das questões e preferências não ditas e subjacentes que afectam as melhorias do serviço. A análise VoC actua como um elo de ligação entre os clientes e as empresas, traduzindo as vozes em informações acionáveis e revelando o caminho para melhores experiências. Proporciona uma estratégia reactiva e centrada no cliente, amplificando os sussurros dos consumidores e criando lealdade e compreensão mútua numa sinfonia de interações inteligentes.

viii. **Análise do envolvimento e do feedback dos trabalhadores:** Este é um ponto de partida para desenvolver a harmonia no local de trabalho no contexto da dinâmica organizacional. Recolhe dados de inquéritos, discussões e encontros com os trabalhadores para descobrir as emoções subjacentes. Este aliado astuto identifica o prazer e a preocupação como hábitos motores que promovem uma força de trabalho próspera. A análise do envolvimento dos trabalhadores, enquanto tradutor emocional, faz a ponte entre a direção e os trabalhadores, criando uma atmosfera em que a cooperação e a moral estão interligadas. Promove uma cultura de discussão aberta, canalizando as emoções para descobertas práticas, que culminam numa sinfonia de produção e num percurso profissional encorajador.

ix. **Recomendação e personalização de conteúdos:** O resultado é um mundo digital que é personalizado de acordo com os desejos individuais. Decifra o impulso emocional oculto nas interações dos utilizadores, ligando as preferências ao fornecimento de informações. Este curador astuto consegue um equilíbrio delicado entre o humor e o tema, criando uma sinfonia de artigos, vídeos e experiências oportunos. Ao traduzir as emoções em inventividade algorítmica, a sugestão de conteúdos torna-se um guia através de um mundo digital que é exclusivamente adaptado aos sentimentos humanos. Nesta mistura de tecnologia e emoção, o conteúdo personalizado emerge como um companheiro reativo, enriquecendo as viagens digitais e assegurando que cada encontro atinge um acorde emocional.

x. **Análise política e previsão eleitoral:** Actua como um observador atento nos domínios da análise política e da previsão de eleições. Decifra as correntes emocionais que influenciam as atitudes do público em relação às políticas e aos políticos, examinando os discursos, o discurso nas redes sociais e as narrativas noticiosas. Este escrutinador digital mostra as paixões e preocupações que têm impacto na opinião pública, oferecendo informações críticas para o planeamento estratégico. As campanhas podem navegar no ambiente tempestuoso do humor público utilizando a análise do humor como uma bússola. Ao analisar as nuances emocionais do ambiente político, esta análise conduz a julgamentos informados, tem impacto nas eleições e determina a direção do discurso político.

2.3 Abordagem de aprendizagem profunda

G.E. Hinton apresentou pela primeira vez a aprendizagem profunda em 2006 como uma abordagem de aprendizagem automática relacionada com as redes neuronais profundas (Ain et al., 2017; Day & Lee, 2016). É frequentemente referida como redes neurais com múltiplas camadas de perceptrons inspiradas no cérebro humano (Birjali et al., 2021), também conhecida como um subconjunto da aprendizagem automática que revolucionou o domínio da análise de sentimentos ao permitir a extração de sentimentos matizados e de informações contextualmente ricas a partir de dados textuais. Esta secção examina a forma como os algoritmos de aprendizagem profunda melhoraram consideravelmente a análise de sentimentos, permitindo uma compreensão mais profunda dos sentimentos e opiniões humanos. Discute técnicas de reconhecimento de padrões que permitem aos computadores adquirir informações por si próprios, conduzindo a um reconhecimento de voz e imagem mais preciso, bem como a software de tradução (Bello et al., 2023). Pode ensinar tanto categorias guiadas como não guiadas (Chan et al., 2020; Suhasini & Srinivasu, 2020).

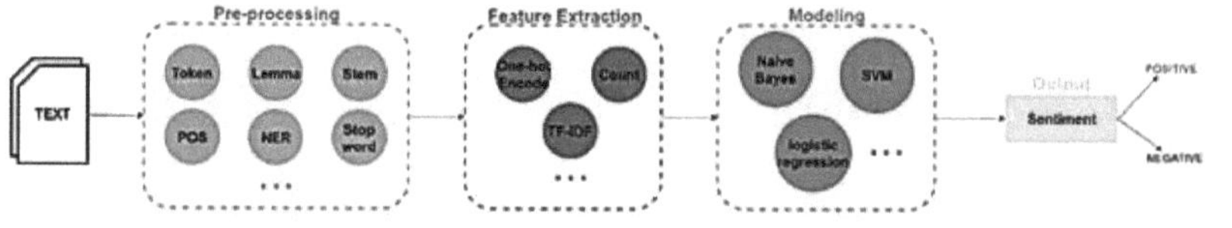

Fig. 2.3: Abordagem de aprendizagem automática (Dang et al., 2020)

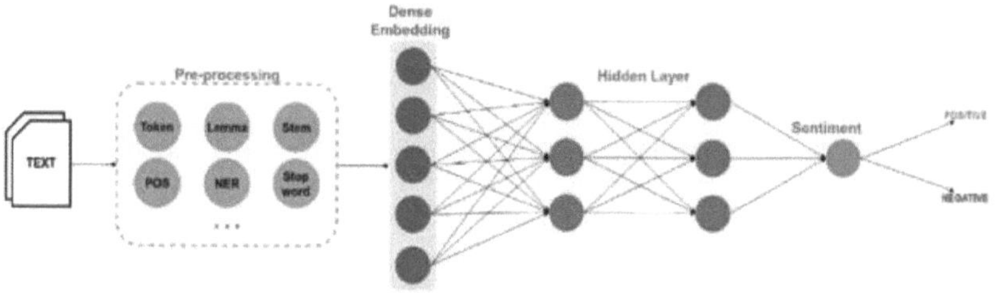

Fig. 2.4: Abordagem de aprendizagem profunda (Dang et al., 2020)

A aprendizagem profunda utiliza uma técnica multicamadas para descobrir as camadas ocultas de uma rede neuronal (Dang et al., 2020). A Fig. 2.3 apresenta uma panorâmica geral do método de aprendizagem automática, enquanto a Fig. 2.4 apresenta uma panorâmica geral da técnica de aprendizagem profunda. Existem vários tipos de técnicas de aprendizagem profunda; no entanto, as mais populares são abordadas na secção que se segue.

2.3.1 Rede de Transformadores

A rede Transformer é uma rede de aprendizagem profunda bem conhecida que está a ganhar força no processamento de linguagem natural (PNL), na visão computacional (CV) e no processamento da fala. A Transformer foi inicialmente caracterizada como um conceito de tradução automática sequência a sequência que podia lidar com interações a longa distância. Foi proposto pela primeira vez no estudo "Attention Is All You Need" de Vaswani et al. (2017). Como resultado, o conceito tornou-se a norma do sector no processamento de linguagem natural. Outras pesquisas indicam que os modelos pré-treinados (PTMs) baseados no Transformer podem ter um bom desempenho numa variedade de tarefas (Qiu et al., 2020). A conceção do Transformer incluía muitos elementos fundamentais que alteravam as acções sequência a sequência:

i. **Mecanismo de auto-atenção:** É conhecido como o coração do transformador; permite que cada palavra examine os contextos de outras palavras, capturando eficientemente dependências de longo alcance. Gera embeddings mais ricos, calculando representações ponderadas dos elementos de entrada.

ii. **Atenção Multi-Cabeça:** Utiliza vários processos de auto-atenção em simultâneo, permitindo que o modelo se concentre em diferentes aspectos do input recebido. Cada cabeça descobre novos padrões, aumentando a sua consciência de muitas ligações.

iii. **Codificação posicional:** Por defeito, não compreende a ordem de sequência. As codificações posicionais, quando aplicadas aos embeddings de entrada, fornecem informações sequenciais ao modelo, permitindo-lhe determinar as posições das palavras.

iv. **Pilhas de codificadores e descodificadores:** Os codificadores transformam os dados de entrada em sequências de saída, enquanto os descodificadores geram sequências de saída. A adição de mais camadas a um modelo aumenta as suas capacidades de abstração e compreensão.

v. **Conexões residuais e normalização de camadas:** As ligações residuais reduzem o problema do gradiente de desaparecimento, encorajando um fluxo de gradiente suave. A normalização das camadas estabiliza a aprendizagem através da normalização das entradas em cada camada.

vi. **Redes neurais de avanço:** As redes feed-forward posicionais seguem camadas de auto-atenção, introduzindo não-linearidades e melhorando a integração da informação.

vii. **Mascaramento em descodificadores:** Uma estratégia de mascaramento na descodificação impede que as previsões atendam a localizações futuras, assegurando a geração auto-regressiva.

viii. **Redes feed-forward de posição:** As redes seguem as camadas de auto-atenção, dando à rede não-linearidade e aumentando as interações de caraterísticas.

ix. **Adição de resultados do codificador e do descodificador:** Os processos de atenção misturam os resultados do codificador e do descodificador, promovendo a aprendizagem inter-contextual.

x. **Pesquisa de feixe e descodificação gulosa:** São utilizadas para identificar sequências de saída óptimas para tarefas geradoras de sequências.

xi. **Transformadores pré-treinados:** Para obter um desempenho ótimo em várias tarefas de linguagem natural, modelos como o BERT, o GPT e o T5 utilizam conjuntos de dados maciços para pré-treino, seguidos de um ajuste fino em tarefas individuais.

O codificador e o descodificador são os dois componentes principais do transformador. O BERT e a análise de sentimentos estão principalmente relacionados com o codificador. As redes BERT (Bidirectional Encoder Representations from Transformers), GPT (Generative Pre-trained Transformer), RoBERTa (Robustly Optimised BERT Pre-training Approach) e XLNet (eXtremeMultiLingual Pre-training for Language Understanding) são as redes de transformadores mais utilizadas na análise de sentimentos.

A. **BERT (Bidirectional Encoder Representations from Transformers):** é uma arquitetura proeminente baseada em transformadores utilizada para aplicações de processamento da linguagem natural (PLN), como a resposta a perguntas, a identificação de entidades nomeadas e a categorização de textos (Adelakun & Baale, 2024). O BERT surgiu como o modelo de PLN mais impressionante, capaz de obter sucesso em todas as operações de PLN com afinação suficiente para satisfazer requisitos específicos a jusante. O BERT é um modelo linguístico extremamente bidirecional treinado no corpus inglês da Wikipédia (Devlin et al., 2019; Prottasha et al., 2022).

As suas caraterísticas são:

i. **Contexto bidirecional:** O BERT adquire integração contextual avaliando os contextos à esquerda e à direita de uma frase, absorvendo mais informações e complexidades semânticas.
ii. **Arquitetura de transformador:** O BERT utiliza a arquitetura transformadora com mecanismos de auto-atenção, permitindo uma modelação eficiente das interações entre palavras.
iii. **Pré-treinamento e aperfeiçoamento:** O BERT é pré-treinado em vastos corpora de texto para obter uma compreensão linguística alargada. Em seguida, é aperfeiçoado para tarefas individuais utilizando conjuntos de dados mais pequenos, o que permite obter resultados excepcionais em tarefas específicas.
iv. **Modelo de linguagem mascarada (MLM):** Durante a pré-treino, o BERT esconde aleatoriamente palavras e prevê-as com base no seu contexto, aprendendo representações bidireccionais.

v. **Previsão da frase seguinte (NSP):** Na pré-treino, o BERT prevê se duas frases virão consecutivamente, aumentando o conhecimento das ligações entre frases.

vi. **Variantes:** Variantes: O BERT está disponível em várias versões, especialmente o BERT-base (110 milhões de parâmetros) e o BERT-large (340 milhões de parâmetros), cada uma com um compromisso distinto entre o desempenho e o custo de computação.

vii. **Aprendizagem por transferência:** As representações pré-treinadas no BERT podem ser ajustadas para uma variedade de tarefas de PLN, incluindo classificação de texto, identificação de entidades nomeadas, resposta a perguntas e análise de sentimentos.

viii. **Embeddings contextualizados:** Os embeddings do BERT são contextuais, permitindo-lhe registar o significado das palavras com base no contexto da frase, apoiando uma interpretação matizada.

B. **GPT:** O Generative Pre-trained Transformer (GPT) é outro projeto bem conhecido baseado em transformadores produzido pela OpenAI. O GPT tem sido utilizado para produzir linguagem para uma variedade de aplicações, como a escrita de contos, poesia e geração de diálogos. O seu objetivo é ajudar as pessoas a adquirir uma linguagem semelhante à humana, aprendendo a forma como as palavras e as frases são geralmente organizadas a partir de uma grande amostra de linguagem humana. Este conjunto de dados, conhecido como conjunto de dados de pré-treino, tem milhares de milhões de palavras.

C. **RoBERTa:** Em 2019, a IA do Facebook introduziu a estratégia de pré-treino BERT robustamente optimizada como uma extensão do popular modelo BERT, a fim de melhorar o modelo BERT original, abordando algumas das suas deficiências. Uma das modificações mais notáveis é o facto de utilizar agora mais dados de formação, o que lhe permite aprender mais com os dados disponíveis e gerar melhores resultados. Também emprega um tipo mais avançado de pré-treinamento, no qual o modelo é treinado várias vezes com diferentes configurações. Isto permite que o modelo se adapte a novas tarefas e se destaque nelas. Utiliza um método de mascaramento dinâmico durante a pré-treino para ajudar o modelo a aprender a prever as palavras mascaradas com maior precisão. O RoBERTa também implementa BPE (codificação de pares de bytes) ao nível dos bytes.

D. XLNet: eXtremeMultiLingual Pre-Training for Language Understanding é uma arquitetura baseada em transformadores criada pela Google em 2019. Utiliza um modelo autorregressivo com formação baseada em permutação para capturar relações entre todos os tokens de entrada. É construído na plataforma Transformer-XL. O principal objetivo da XLNet é ultrapassar algumas das limitações dos modelos linguísticos anteriores baseados na noção de modelação linguística mascarada, como o BERT. Em vez de prever as palavras em falta, a XLNet utiliza uma estratégia baseada na permutação, na qual avalia todas as permutações possíveis da sequência de entrada e aprende a prever a probabilidade de cada permutação. Isto permite ao modelo armazenar relações mais complexas entre palavras e frases, bem como executar com maior sucesso tarefas que exijam raciocínio em contextos mais alargados. A XLNet tem-se destacado numa série de tarefas de processamento de linguagem natural, incluindo a categorização de textos, a resposta a perguntas e a tradução de línguas.

2.3.2 Rede Neural Recorrente

A Rede Neuronal Recorrente (RNN) é uma tecnologia de rede neuronal que recebe dados sequenciais como entrada e depois continua na direção de crescimento da sequência, com todos os nós (elementos cíclicos) ligados por uma cadeia (Cen et al., 2020). A principal função de uma RNN é processar dados sequenciais utilizando a memória interna reunida através de ciclos dirigidos, mantendo um estado oculto secreto ao longo do tempo. O estado oculto da RNN é transferido para o próximo passo de tempo, permitindo que a rede capture a dependência temporal da sequência de entrada (Xu et al., 2019). Ao contrário das redes neuronais típicas, as RNN podem guardar e reutilizar cálculos de conhecimentos prévios, aplicando-os ao elemento seguinte da sequência de entrada (Britz, 2015). Os tipos fundamentais de redes neuronais recorrentes (RNN) são os seguintes: RNNs simples (Vanilla RNNs), RNNs de memória longa de curto prazo (LSTM), Gated Recurrent Units (GRU) e RNNs bidirecionais, que podem usar memória longa como entrada de funções de ativação na camada oculta.

A. **RNNs simples:** Trata-se de redes neuronais artificiais concebidas para encontrar relações sequenciais nos dados. São excelentes em actividades que exigem uma ordem de entrada precisa, como os dados de séries cronológicas e o processamento de linguagem natural. Como cada nó processa a entrada enquanto recorda informações anteriores, são adequadas para dependências de curto prazo. No entanto, têm dificuldade em reter a memória a longo prazo, uma condição conhecida como o problema do "gradiente de desaparecimento". Apesar das suas falhas, os RNN simples estabelecem a estrutura para concepções mais complexas, abrindo caminho para o desenvolvimento de modelos mais sofisticados como o LSTM e o GRU, que resolvem estas inadequações e melhoram a interpretação de dados sequenciais.

B. **RNNs com memória de curto prazo longa (LSTM):** Este é um avanço significativo na modelação de sequências. Como foram construídas para contornar o problema do gradiente de desaparecimento das RNNs tradicionais, as LSTMs são excelentes na captura de conexões de longo alcance (Shehzadi & Raza, 2021). As células de memória guardam e esquecem informação de forma selectiva, permitindo um processamento sofisticado de dados sequenciais (Alam et al., 2021). A tradução de línguas, o reconhecimento da fala e a análise de sentimentos são áreas em que os LSTMs brilham. O seu design, que consiste em portas de entrada, saída e esquecimento, permite-lhes captar padrões detalhados e produzir previsões precisas, tornando-os um componente essencial dos recentes algoritmos de aprendizagem profunda para dados sequenciais.

C. **RNNs de unidade recorrente controlada (GRU):** É semelhante às RNNs LSTM, mas com uma arquitetura mais simples que treina mais rapidamente e com menos parâmetros. As redes neuronais recorrentes (RNN) com unidades recorrentes fechadas (GRU) são utilizadas para a modelação de sequências. Em termos de arquitetura, as GRUs são semelhantes às LSTMs, mas a sua formação é normalmente mais rápida. As tarefas de processamento de linguagem natural, como a tradução de línguas, a criação de texto e a análise de sentimentos, bem como o reconhecimento de áudio e a legendagem de imagens, são todas executadas excecionalmente bem pela GRU. Gerou descobertas de ponta nestes domínios numa série de conjuntos de dados de referência e é amplamente utilizado em aplicações académicas e industriais. A arquitetura da GRU inclui um mecanismo de gating que permite à rede atualizar de forma inteligente a sua memória sem perder o seu estado anterior, à medida que analisa sequencialmente cada entrada (Sachin et al., 2020). Este método de gating ajuda as GRUs a lidar com o problema do gradiente decrescente, que ocorre nas RNNs e dificulta a aprendizagem e a memorização das dependências de dados a longo prazo. A unidade recorrente gated (GRU) é uma variante bem conhecida e desenvolvida do LSTM tradicional. A GRU é mais simples do que a LSTM, uma vez que tem menos parâmetros, e tem certas caraterísticas atractivas, como menor complexidade e computação mais rápida (Chung et al., 2014).

D. **RNNs bidireccionais:** Este é um exemplo de inovação dinâmica no processamento de sequências. Ao contrário das RNNs tradicionais, estas analisam a entrada em ambas as direcções, para a frente e para trás, melhorando a compreensão do contexto. As RNNs bidireccionais destacam-se em trabalhos que exigem conhecimentos holísticos, como o reconhecimento de voz e a análise de sentimentos, combinando conhecimentos de entradas passadas e futuras. Capturam relações complicadas, revelando padrões que podem estar ocultos em modelos unidireccionais. Esta adaptabilidade permite-lhes lidar com tarefas complicadas utilizando a sinergia de informações passadas e futuras, tornando as RNNs bidireccionais uma ferramenta poderosa para desvendar as complexidades dos dados sequenciais e gerar previsões fortes.

2.3.3 Rede Neuronal Profunda

Uma rede neuronal profunda (DNN), como ilustrado na Fig. 2.5, é uma rede neuronal com numerosas camadas, a maioria das quais ocultas. As redes neuronais profundas interpretam os dados de várias formas, recorrendo a modelos matemáticos complexos. Uma rede neural é uma estrutura adaptável de resultados que funcionam como entradas, composta por várias camadas: uma camada de entrada constituída por dados de entrada, camadas ocultas constituídas por nós de processamento conhecidos como neurónios e uma camada de saída constituída por um ou mais neurónios, cujos resultados constituem as saídas da rede (Aggarwal, 2018; Dang et al., 2020). A deteção de imagem e áudio, o processamento de linguagem natural e a análise preditiva são utilizações comuns.

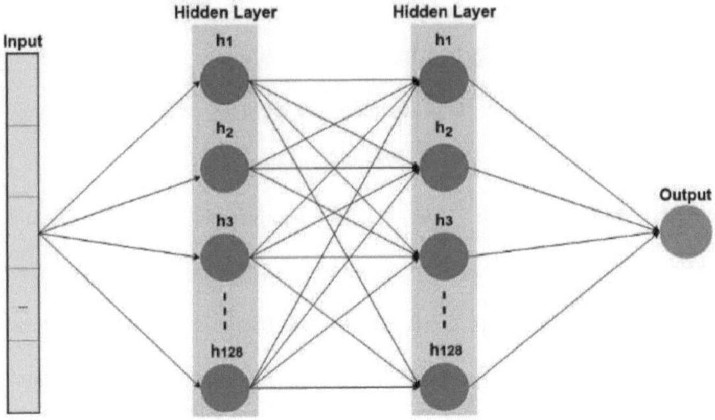

Fig. 2.5: Rede neural profunda (DNN) (Dang et al., 2020)

2.3.4 Rede Neural Recursiva

é um tipo de rede neural que é uma variante avançada de uma RNN. Para treinar uma arquitetura de grafo acíclico estruturado a partir de entradas, são normalmente utilizadas redes neuronais recursivas. Implementando os vectores de estado oculto dos nós filhos da esquerda e da direita do grafo para extrair o vetor de estado oculto do nó mais recente (Socher et al., 2011). É uma forma de rede neural utilizada para modelar dados estruturados como árvores ou grafos. Também são conhecidas como redes neurais baseadas em árvores porque funcionam aplicando repetidamente o mesmo desenho de rede neural a uma estrutura de árvore. O uso de funções recursivas para projetar a estrutura da rede é fundamental para o sucesso das redes neurais recursivas. Essas funções trabalham nos nós da árvore, combinando as representações dos nós filhos para obter uma representação do nó pai. Esse procedimento é continuado até que seja obtida uma única representação da entrada completa.

2.3.5 Rede Neural Híbrida

Uma rede neural híbrida (HNN) é uma abordagem à aprendizagem profunda que combina duas ou mais abordagens de aprendizagem profunda, como as redes neurais profundas (DNN) e as redes neurais recorrentes (RNN), ou outras redes neurais probabilísticas (PNN) à escolha (Long et al., 2018). Uma rede neural híbrida é composta por dois tipos de redes neurais: redes neurais convolucionais (CNN) e redes neurais recorrentes (RNN). A CNN é capaz de extrair caraterísticas de dados visuais, enquanto a RNN se destaca no processamento de sequências de dados, como texto ou fala. A rede híbrida pode aprender a reconhecer tanto fotografias como texto, fundindo os dois, o que a torna mais flexível e precisa. Redes neuronais híbridas, que combinam os pontos fortes de vários tipos de redes neuronais.

2.4 Os modelos propostos

Na análise de sentimentos, a utilização dos modelos BERT e GRU proporciona precisão e consciência do contexto. Ao compreender as ligações entre as palavras, a atenção bidirecional do BERT capta nuances complexas, enquanto as incorporações contextuais captam as sobreposições. Isto permite um reconhecimento fiável dos sentimentos mesmo nos textos mais complicados. As GRUs, por outro lado, destacam-se na modelação de sequências, preservando o contexto sequencial e lidando com entradas de comprimento variável. O BERT melhora a extração de caraterísticas, mas a memória sequencial da GRU compreende as alterações temporais.

2.4.1 Semelhanças entre os modelos GRU e BERT

i. Os modelos GRU e BERT são ambos modelos de aprendizagem profunda.

ii. Ambos são utilizados em tarefas de processamento de linguagem natural, incluindo modelação linguística, análise de sentimentos e resposta a perguntas.

iii. Ambos os modelos podem aprender dependências a longo prazo a partir do texto. Uma vez que o sentimento é frequentemente transmitido através da utilização de palavras desarticuladas numa frase, isto é fundamental para compreender corretamente o sentimento.

iv. Ambos os modelos requerem grandes quantidades de dados rotulados para treino e podem atingir um desempenho de ponta numa série de aplicações de processamento de linguagem natural.

v. Ambos os modelos são bastante simples de treinar. Isto deve-se ao facto de ambos terem sido pré-treinados em enormes conjuntos de dados de texto. Esta pré-treino ajuda-os a apreender padrões linguísticos gerais, que podem ser posteriormente aperfeiçoados para um objetivo específico, como a análise de sentimentos.

vi. Ambos os modelos podem ser utilizados para uma vasta gama de conjuntos de dados. Devido à sua adaptabilidade, constituem uma excelente alternativa para projectos de análise de sentimentos que envolvam a utilização de várias fontes de dados.

2.4.2 Diferenças entre os modelos GRU e BERT

O quadro seguinte compara as representações da unidade recorrente com portas (GRU) e do codificador bidirecional a partir de transformadores (BERT).

Tabela 2.1: Diferenças entre os modelos GRU e BERT

S/N	Parâmetros	Modelo GRU	Modelo BERT
1	Tipo	Rede neural recorrente	Rede de transformadores
2	Direccionalidade	Unidirecional	Bidirecional

3	Exatidão	Mais rápido	Mais lento
4	Arquitetura	Rede neural feed-forward com ligações recorrentes	Rede neural feed-forward com auto-atenção
4	Aplicações	Processamento da língua nacional, tradução automática e reconhecimento do discurso	Processamento da língua nacional, resposta a perguntas e classificação de textos
5	Eficiência	Mais eficiente	Menos eficiente
6	Pré-formação	de forma supervisionada em dados rotulados	em grandes quantidades de dados não rotulados e, em seguida, ajustados para tarefas específicas
7	Desempenho	obteve resultados preferíveis em muitas tarefas de PNL	eficaz em determinadas tarefas e é frequentemente utilizado em conjunto com outros modelos
8	Capacidade	Pequenos conjuntos de dados	Grandes conjuntos de dados
9	Gama	Modelação da dependência de curto alcance	Modelação de dependências de longo alcance

2.5 Revisão da literatura relacionada

Tem sido efectuada muita investigação sobre a análise de sentimentos, desde modelos lineares simples a modelos complexos de redes neurais. No entanto, muitos autores, investigadores e estudantes escreveram artigos e projectos sobre a análise de sentimentos. Alguns desses trabalhos são discutidos a seguir:

Mehta e Pandya (2020) investigaram a técnica, as práticas e as aplicações da análise de sentimentos utilizando várias metodologias de aprendizagem automática e de exploração lexical. Com base nas suas conclusões, os métodos de aprendizagem automática, como o SVM, o Naive Bayes e as redes neurais, podem ser considerados métodos de aprendizagem de base e, no futuro, podem ser utilizadas várias combinações alternativas de dados de texto para melhorar as métricas de desempenho. Tan et al. (2023) sugeriram uma estrutura baseada na aprendizagem multitarefa que simula a correlação entre modelos de sentimento e sarcasmo utilizando uma rede neural profunda. A técnica de análise do sentimento supera as abordagens sarcásticas em 3%, com uma pontuação F1 de 94%.

Pradhan et al. (2022) propuseram a utilização de duas abordagens gráficas probabilísticas para gerar palavras de tópicos latentes como possíveis aspectos: Latent Dirichlet Allocation (LDA) e Probabilistic Latent Semantic Analysis (PLSA). Em dois conjuntos de dados, SemEval 2014 Restaurant e SemEval 2014 Laptop, o desempenho da estratégia proposta é testado usando Naive Bayes, uma metodologia de classificação de aprendizado de máquina. Os resultados experimentais revelam que a abordagem supera as estratégias de base para a extração de aspectos em 86,32% e 82,64% para os conjuntos de dados de restaurantes e computadores portáteis, respetivamente. Do mesmo modo, a precisão no domínio do restaurante e a medida F1 foram de 84,73%, 81,28% e 82,06%, respetivamente, e 80,71% no domínio do computador portátil.

Rodrguez-Ibánez et al. (2023) apresentaram uma investigação aprofundada centrada na realidade multifacetada da análise de sentimentos nas redes sociais, e os autores avaliaram novos aspectos como a dinâmica temporal, as relações causais e as aplicações industriais, juntamente com os domínios em que as abordagens são aplicadas numa aplicação prática adequada aos métodos de inteligência artificial resultantes. Saberi & Saad (2017) realizaram um inquérito sobre metodologias de análise de sentimentos (SA) e investigaram os potenciais obstáculos e áreas de aplicação para a análise de sentimentos, utilizando conhecimentos de trabalhos académicos anteriores. Os resultados do estudo indicam que a melhoria dos algoritmos de categorização de sentimentos continua a ser um tópico de investigação inexplorado. Milosevic (2016) propagou a ideia de que a aprendizagem automática pode ser utilizada para prever investimentos a longo prazo. Este método gera uma pontuação F de 75,1% para todas as 28 variáveis financeiras. O número de caraterísticas pode ser reduzido para 11, mas a seleção de caraterísticas pode melhorar o desempenho para uma pontuação F1 de 76,5%.

Nos últimos anos, foram realizados vários estudos para estudar avaliações de sentimentos baseadas na aprendizagem profunda com caraterísticas e desempenhos diversos. Yoshihara et al. (2014) apresentaram uma técnica de análise de sentimentos baseada na aprendizagem profunda para a previsão do mercado financeiro que combina RNN e redes de crenças profundas (DBN). A análise de sentimentos previu a ação do mercado financeiro, e a taxa de erro média caiu de 47,30% para 40,05%, o que se compara muito com as abordagens SVM e DBN. Zhu et al. (2023) utilizaram abordagens de fusão para efetuar um estudo sobre a análise de sentimentos multimodal. Os autores examinaram conjuntos de dados populares e métodos de extração de caraterísticas, bem como os avanços actuais no domínio da análise de sentimentos multimodal. O artigo aborda ainda várias aplicações e as limitações das abordagens actuais. Kaur e Sharma (2023) sugeriram uma técnica híbrida de extração de caraterísticas para avaliar as percepções dos clientes utilizando abordagens de aprendizagem profunda, incluindo o processamento de linguagem natural (PNL) e a memória de longo prazo (LSTM), e o sistema foi avaliado utilizando três conjuntos de dados de investigação diferentes. As médias de precisão, recuperação e pontuação F1 do modelo são 94,46%, 91,63% e 92,81%, respetivamente.

Gong et al. (2022) propuseram um modelo de destilação de conhecimento e aumento de texto baseado em transformadores; a destilação de conhecimento reduz o custo de processamento do modelo e o tempo de treino, enquanto o aumento de texto ajuda o modelo a obter excelentes resultados. De acordo com os resultados do estudo, a técnica escolhida tem uma precisão de 93,28%, enquanto o BERT tem 93,38%, o ALBERT tem 92,06% e o mobileBERT tem 92,74%. Para reconhecer emoções no texto, Bharti et al. (2022) sugeriram um modelo híbrido que utilizava máquinas de vectores de apoio como estratégia de aprendizagem automática e redes neurais convolucionais (CNN) e Bi-GRU como modelos de aprendizagem profunda. A técnica sugerida atinge uma precisão de 80,11% quando testada utilizando uma mistura de três tipos distintos de conjuntos de dados, nomeadamente frases, tweets e conversas.

Quraishi (2020) avaliou o desempenho de quatro algoritmos de aprendizagem automática para a análise de sentimentos no conjunto de dados de revisões do IMDB, dois dos quais baseados em redes neurais (LSTM e GRU) e dois não baseados (Naive Bayes e Support Vetor Machine). Em termos de precisão, a técnica Support Vetor Machine superou a estratégia Naive Bayes. O GRU venceu os outros três algoritmos, com uma precisão de 89,0%. Sudhir e Suresh (2021) investigaram muitas abordagens e modelos de classificação, tais como GRU, BERT, SVM, Naive Bayes, Árvore de Decisão, entre outros. Os algoritmos GRU e BERT superaram os modelos de classificação clássicos na análise de sentimentos no conjunto de dados IMDB. Cen et al. (2020) utilizaram críticas de filmes do IMDB para comparar a análise de sentimentos de três algoritmos de aprendizagem profunda: redes neurais recorrentes (RNN), memória de curto prazo longa (LSTM) e redes neurais convolucionais (CNN), com o conjunto de dados dividido em 50 % de avaliações positivas e 50 % de avaliações negativas. Os resultados sugerem que, quando utilizado para a análise de sentimentos de críticas de filmes, o modelo de rede

CNN pode ter uma influência significativa na categorização. A CNN tem uma precisão de 88,22%, enquanto a RNN e a LSTM têm precisões de 68,64% e 85,32%, respetivamente.

Rauf et al. (2019) utilizaram a análise de sentimentos para construir um modelo baseado em transformadores, como o BERT, para investigar a polaridade do conjunto de dados IMDB. De acordo com a análise dos resultados, o modelo BERT teve um desempenho surpreendentemente bom no conjunto de dados fornecido, com métricas de desempenho muito mais altas do que a maioria dos modelos anteriores baseados em aprendizado de máquina e aprendizado profundo. O Deep Intelligent Contextual Embedding (DICE) foi introduzido por Naseem et al. (2020) como uma estratégia de análise de sentimentos baseada em transformadores para aumentar a qualidade dos tweets, minimizando o ruído e tendo em conta os sentimentos das palavras, a polissemia, a sintaxe e a informação semântica. Os autores utilizaram uma rede bidirecional de memória de longo e curto prazo para detetar o estado de espírito de um tweet.

Jadhav et al. (2022) estudaram a eficácia da análise de sentimentos baseada em aspectos utilizando modelos CNN e gated recurrent unit, implementando os destaques de vizinhança da CNN e a dependência alargada da GRU. Um exame exaustivo de conjuntos de dados de hotéis e automóveis demonstrou que o modelo sugerido tem um bom desempenho em termos de extração de perspectivas e ordem de sensações. Yuan et al. (2022) propuseram um modelo sequencial de transformação de modelos para a geração personalizada de sentimento de grão fino ajustável, com o objetivo de gerar avaliações mensuráveis de sentimento ao nível do aspeto a partir de dados personalizados, aprendendo separadamente o sentimento e a informação lexical. O modelo adquire o corpus FSCG-80, que tem 800.000 amostras, do Yelp e efectua vários testes com ele. De acordo com os resultados dos testes, o modelo consegue atingir até 89,93% de precisão no controlo do aspeto-sentimento e criar avaliações mais fluentes.

Dang et al. (2020) examinam pesquisas recentes que usam modelos de aprendizagem profunda, como redes neurais profundas (DNN), redes neurais recorrentes (RNN) e redes neurais convolucionais (CNN), para lidar com vários desafios de análise de sentimentos (por exemplo, polaridade de sentimentos e sentimentos baseados em aspectos). Os autores utilizaram conjuntos de dados do Twitter para treinar modelos de aprendizagem profunda TF-IDF e de incorporação de palavras, bem como algoritmos de análise de sentimentos de aprendizagem profunda de ponta.

Rangila et al. (2022) analisaram o mesmo conjunto de dados para comparar o desempenho do modelo BERT com o do modelo LSTM. A intenção era aplicar técnicas de extração de sentimentos a gravações áudio transcritas para determinar o sentimento dos oradores utilizando um algoritmo BERT (Bidirectional Encoder Representations from Transformers) desenvolvido pela Google. Trata-se de um algoritmo mais rápido e mais preciso para campos de texto, uma vez que avalia o contexto do conteúdo. De acordo com os resultados, o BERT pode fornecer uma exatidão de 98% após apenas duas épocas, mas o LSTM não se aproxima sequer da exatidão do BERT após cinco épocas. Teve uma taxa de sucesso de 51%. O modelo BERT tem uma precisão elevada, um desempenho eficiente e produz resultados superiores.

Chan et al. (2020) investigaram o desempenho de um modelo de análise de sentimentos de granularidade fina baseado no Bert. Para extrair palavras caraterísticas de mercadorias e palavras emocionais, é utilizada a análise de dependência; a polaridade da emoção foi investigada através da fusão de Bert e frases emocionais; e comparando a polaridade psicológica das palavras caraterísticas, a precisão de Bert e o valor F1 com palavras caraterísticas e palavras-chave emocionais foram de 94,67% e 94,55%, respetivamente, no conjunto de dados de crítica de filmes e no conjunto de dados de crítica de filmes, que foram superiores a outros modelos.

Apesar das melhorias significativas na análise de sentimentos, persistem várias questões, incluindo o aumento da fiabilidade dos modelos, a redução do tempo de processamento e a aplicação de metodologias desenvolvidas para tipos específicos de dados e ambientes de dados. Para tal, é necessário efetuar um estudo comparativo da análise de sentimentos utilizando algoritmos baseados em transformadores e redes neuronais recorrentes com os modelos BERT e GRU. É digno de nota, a partir da literatura analisada, que as redes neurais baseadas em transformadores e recorrentes superam frequentemente as abordagens tradicionais à análise de sentimentos.

CAPÍTULO TRÊS

METODOLOGIA

3.1 Visão geral

A metodologia descreve a estratégia e os critérios específicos para treinar e avaliar o algoritmo de análise de sentimentos num conjunto de dados do mercado financeiro. Os modelos Bidirectional Encoder Representations from Transformers (BERT) e Gated Recurrent Unit (GRU) foram utilizados para avaliar o desempenho da nossa abordagem. O BERT é um modelo linguístico moderno pré-treinado que tem demonstrado um desempenho excecional em várias aplicações de processamento de linguagem natural (PNL), particularmente na análise de sentimentos. A GRU, um tipo de rede neural recorrente, é eficaz com entradas sequenciais e tem sido utilizada em numerosas tarefas de PNL. O nosso objetivo consiste em obter uma elevada exatidão, precisão e recordação na classificação de tweets em sentimentos positivos, negativos e neutros, afinando os modelos BERT e GRU pré-treinados no nosso conjunto de dados.

3.2 Processo de análise de sentimentos

A Fig. 3.1 apresenta uma representação ilustrada dos procedimentos envolvidos na análise de sentimentos utilizando uma abordagem de aprendizagem profunda. O processo começa com um conjunto de dados Kaggle de análises do mercado financeiro, em que a fase inicial de pré-processamento de dados limpa e molda eficazmente os dados de texto para análise posterior. Subsequentemente, um processo estratégico de redução da amostragem de dados equilibra cuidadosamente o conjunto de dados, garantindo a representação de vários sentimentos. Os modelos Gated Recurrent Unit (GRU) e BERT ocupam um lugar central, tirando partido das suas arquitecturas neurais para interpretar e codificar variações textuais ocultas. Finalmente, a etapa de avaliação do sentimento é conduzida, avaliando rigorosamente o desempenho destes modelos utilizando métricaschave como a exatidão, a perda, a precisão e o F1-Score, concluindo com uma avaliação abrangente das capacidades de previsão do sentimento no contexto financeiro.

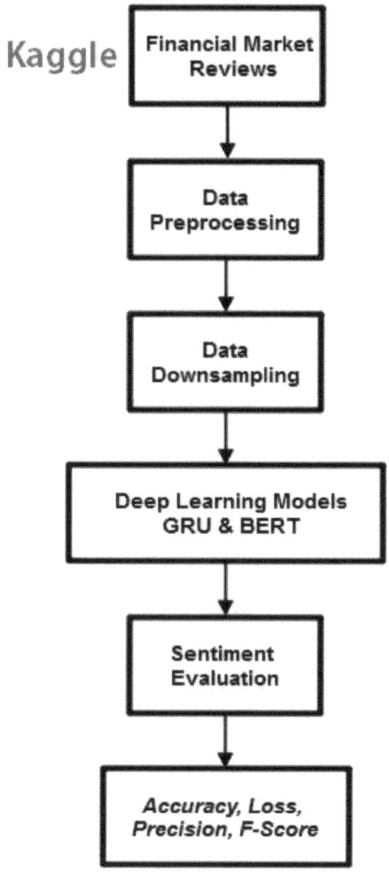

Fig. 3.1: Processo de análise de sentimentos utilizando a abordagem de aprendizagem profunda

3.2.1 Aquisição de dados

O conjunto de dados para esta investigação foi obtido a partir do FiQA e do Financial PhraseBank, que foram combinados num único ficheiro CSV para conveniência de utilização (Malo et al., 2014). Inclui os IDs dos tweets, as frases do texto e as classificações de humor de 5842 tweets do mercado financeiro. Atribui etiquetas de sentimento a frases financeiras em três categorias: positivo, negativo e neutro. O conjunto de dados foi dividido num conjunto de treino e num conjunto de teste, selecionando aleatoriamente cerca de 15% dos tweets como conjunto de teste. O modelo é optimizado utilizando um optimizador Adam, e os hiper-parâmetros são ajustados manualmente com um tamanho de lote de 20. Em várias configurações, o modelo é desenvolvido utilizando bibliotecas Python essenciais, como Keras, TensorFlow, NumPy, Scikit-Learn e Pytorch.

3.2.2 Pré-processamento

O pré-processamento de dados é uma fase vital no processo de análise de dados porque os dados em bruto devem ser pré-processados para eliminar texto e símbolos desnecessários. O pré-processamento envolve uma série de procedimentos, como a limpeza, a integração, a conversão e a redução do conjunto de dados. Isto produz dados estruturados que podem ser utilizados para modelação. Os dados recolhidos ou recebidos de várias fontes encontram-se frequentemente em formato bruto, o que dificulta a análise; por conseguinte, os dados brutos devem ser limpos antes da análise. Cerca de 70% de todas as actividades analíticas incluem a limpeza de dados. É uma tarefa fastidiosa, mas não pode ser ignorada. Para este projeto, foi recolhido um conjunto de dados do mercado financeiro na plataforma Kaggle. A extração de dados limitou-se à identificação do tweet, à frase e aos sentimentos do texto. Para verificar se os dados estão suficientemente limpos para a aprovação do modelo, os dados não limpos foram pré-processados. Os processos padrão para preparar os dados para a análise de sentimentos são os seguintes:

A. Limpeza do texto: Este é o processo de remoção de quaisquer caraterísticas indesejadas dos dados de texto, tais como caracteres especiais, pontuação e números.

Algumas das operações de limpeza de texto efectuadas nos nossos dados brutos são enumeradas abaixo com o respetivo código-fonte:

i. **Remoção de urls do texto**

Esta função remove URLs desnecessários dos dados de texto, resultando numa entrada mais precisa e simplificada para um modelo de análise de sentimentos de aprendizagem profunda e aumentando a sua capacidade de identificar variações de sentimentos.

```
importar re
def remove_urls(text):
   return re.sub(r'http\S+', '', text)
```

ii. **Remoção de caracteres especiais**

Esta função remove com êxito os caracteres especiais irrelevantes dos dados de texto, resultando numa entrada mais limpa e mais adequada para um modelo de análise de sentimentos de aprendizagem profunda e melhorando a sua capacidade de detetar variações de sentimentos.

```
importar re
def remove_special_characters(text):
   return re.sub(r'[^\w\s]', '', text)
```

iii. **Remoção de todos os nomes de utilizador com @**

Esta função reduz com êxito as menções do utilizador a partir de dados de texto, melhorando a entrada para um modelo de análise de sentimentos de aprendizagem profunda e permitindo-lhe concentrar-se mais intensamente nos padrões de sentimentos.

```
importar re
def remove_usernames(text):
```

```
return re.sub(r'@\w+', '', text)
```

iv. **Remoção de números de caracteres**

Esta função elimina com êxito os dígitos numéricos dos dados de texto, resultando numa entrada mais refinada e precisa para um modelo de análise de sentimentos de aprendizagem profunda e aumentando a sua capacidade de apreender variações de sentimentos.

```
def remove_numbers(text):
    return ''.join([char for char in text if not char.isdigit()])
```

v. **Remoção de palavras de paragem:** Esta função remove cuidadosamente as palavras-chave frequentes dos dados de texto, resultando numa entrada mais concentrada para um modelo de análise de sentimentos de aprendizagem profunda, que pode subsequentemente compreender melhor a natureza complexa da expressão de sentimentos.

```
from nltk.corpus import stopwords
from nltk.tokenize import word_tokenize
def remove_stopwords(text):
stop_words = set(stopwords.words('english'))
    tokens = word_tokenize(text)
filtered_tokens = [word for word in tokens if word.lower() not in stop_words]
    return ' '.join(filtered_tokens)
```

vi. **Remoção de valores nulos**

Esta função removeu sistematicamente os valores nulos do conjunto de dados, garantindo que a entrada para um modelo de análise de sentimentos de aprendizagem profunda está livre de informações incompletas ou em falta, aumentando assim a sua durabilidade analítica.

```
importar pandas como pd
def drops_null_values(dataset):
    return dataset.dropna()
```

vii. **Conversão para minúsculas**

Esta função converte cuidadosamente o texto em minúsculas, mantendo uma caixa consistente para os dados de entrada num modelo de análise de sentimentos de aprendizagem profunda, melhorando assim a sua capacidade de captar adequadamente as variações de sentimentos.

```
def converts_to_lowercase(text):
    return text.lower()
```

B. Tokenização: Esta função ajuda a categorizar os dados de texto em tokens individuais, fornecendo entrada estruturada para um modelo de análise de sentimentos de aprendizagem profunda para encontrar padrões de sentimentos com mais precisão. A entrada de texto foi tokenizada com a função Tokenizer da biblioteca Keras, e as sequências resultantes foram preenchidas para garantir que todas as sequências tivessem o mesmo comprimento.

```
from nltk.tokenize import word_tokenize
def tokenizes_text(text):
return word_tokenize(text)
```

C. Preenchimento: Esta função transformou com precisão os tokens em sequências de comprimento constante, fornecendo um formato de entrada consistente para um modelo de análise de sentimentos de aprendizagem profunda, que pode subsequentemente analisar rapidamente os dados textuais. O preenchimento é classificado em dois tipos:

preenchimento zero e preenchimento médio. O preenchimento zero foi utilizado no estudo, uma vez que é simples de implementar e não introduz enviesamento no modelo.

D. Divisão: É o processo de dividir os dados em dois conjuntos distintos: treino e teste.

i. **Dados do comboio:** Os dados de treino são utilizados para desenvolver modelos. O conjunto de dados rotulados é utilizado para treinar o modelo de aprendizagem profunda. Durante o treino, o modelo aprende as tendências e qualidades fundamentais nos dados de texto que estão associadas a várias categorias de sentimentos. Os dados de treino são utilizados para modificar os parâmetros do modelo através de técnicas de otimização como a retropropagação, permitindo que o modelo compreenda relações ocultas entre palavras e atitudes. O objetivo é reduzir a diferença entre o sentimento previsto e as etiquetas de sentimento reais no conjunto de treino.

ii. **Dados de teste:** Os dados de teste são um conjunto de dados único e inexplorado que é utilizado para avaliar o desempenho de adaptação do modelo. O modelo de aprendizagem profunda é treinado nos dados de teste e as suas projecções são justapostas com as verdadeiras etiquetas de sentimento. Os dados de teste simulam circunstâncias do mundo real e testam a eficácia com que o modelo pode generalizar os seus padrões aprendidos a novas amostras de texto não vistas. Esta avaliação avalia a capacidade do modelo para gerir um vasto leque de emoções e garante que não se ajusta demasiado aos dados de treino.

E. Codificação de rótulos: é um método de conversão de dados de categoria em dados numéricos. Para equilibrar o número de amostras em cada categoria, os rótulos foram codificados utilizando a função LabelEncoder da biblioteca scikit-learn e, em seguida, transformados em vectores codificados de uma só vez utilizando a função to_categorical.

3.2.3 Reduzir a amostragem de dados

A redução da amostragem de dados é uma etapa crucial de pré-processamento em estruturas de aprendizagem profunda para análise de sentimentos, que permite uma melhor interpretação do modelo e uma classificação mais precisa dos sentimentos numa vasta gama de sentimentos. Isto implica reduzir estrategicamente o volume de instâncias da classe de sentimento dominante, resultando numa distribuição mais equitativa das classes nos dados de treino. A redução da amostragem permite que os modelos de aprendizagem profunda construam um conhecimento mais sofisticado dos sentimentos minoritários, corrigindo o desequilíbrio das classes, o que acaba por conduzir a uma maior precisão na classificação dos sentimentos.

```
pos=data[data.iloc[:, -1]=='positive'][:870] ##Seleciona os primeiros 860s

neu=data[data.iloc[:, -1]=='neutral'][:870] #Seleciona os primeiros 860s

neg=data[data.iloc[:, -1]=='negative'][:860]

__data=pd.concat([pos, neu, neg], axis=0)
```

Tabela 3.1: Distribuição do corpus

	Positivo	**Negativo**	**Neutro**	**Total**
Comboio	1,852	860	3,130	**5,842**
Teste	870	860	870	**2,600**

A Tabela 3.1 mostra a distribuição do corpus. O classificador foi treinado com 1.852 tweets positivos, 860 negativos e 3.130 neutros, e o modelo foi testado com 870 tweets positivos, 860 negativos e 870 neutros.

3.2.4 Seleção de modelos de aprendizagem profunda

As duas principais abordagens selecionadas para esta investigação são o modelo BERT da Rede Transformadora e o modelo GRU da Rede Neuronal Recorrente para efetuar a análise de sentimentos numa coleção de frases, devido à sua capacidade de compreender relações de longo prazo no texto e à sua capacidade de pré-treino para aprender padrões gerais de linguagem.

3.2.4.1 O modelo BERT (Bidirectional Encoder Representations from Transformers)

O quadro do BERT divide-se em duas fases: pré-treino e afinação. Para qualquer operação de PNL, o modelo é treinado em dados não etiquetados através de muitas tarefas de pré-treino, com afinação adequada para necessidades específicas a jusante. O modelo BERT é aperfeiçoado utilizando dados etiquetados de operações a jusante, depois de começar com os parâmetros pré-treinados.

A conceção do modelo BERT baseia-se na rede Transformer e consiste em vários blocos codificadores, cada um com uma camada de atenção multi-cabeças e uma rede feedforward. A camada de atenção multi-cabeças permite que o modelo se concentre em várias secções da sequência de entrada ao mesmo tempo, enquanto a rede feedforward ajuda a captar as ligações entre os tokens de entrada. O modelo BERT era composto por dois blocos: um codificador transformador com uma camada de atenção multi-cabeças, normalização de camadas e uma rede neural feedforward. A saída do codificador transformador foi passada através de uma camada totalmente ligada com uma função de ativação softmax para obter a classificação final. A saída da camada do modelo BERT foi achatada e passada através de uma camada de abandono para evitar o sobreajuste. Finalmente, foi utilizada uma camada totalmente ligada com uma função de ativação softmax para obter o resultado final da classificação.

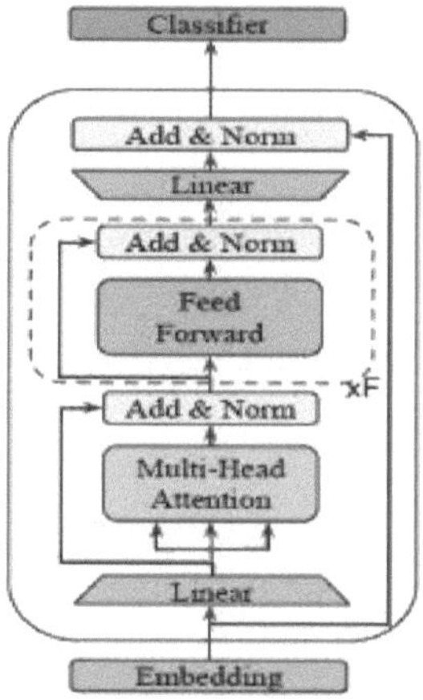

Fig. 3.2: A arquitetura BERT (Sun et al., 2020)

A caraterística bidirecional do BERT é utilizada para aprender o ponto de vista de uma frase que está centrada no seu ambiente (Selvakumar & Lakshmanan, 2022). O método de auto-atenção é utilizado para determinar as semelhanças entre sequências de palavras em vários locais de um documento. O cálculo da sequência semelhante na camada de auto-atenção utiliza a pontuação de atenção calculada a partir do resultado da procura de entrada e das chaves. A função softmax é então utilizada para normalizar a pontuação de atenção e multiplicá-la pelo valor. Finalmente, a associação de palavras é calculada utilizando os valores totais ponderados.

O BERT é pré-treinado em duas tarefas não supervisionadas: modelação de linguagem mascarada (MLM) e previsão da frase seguinte (NSP). Contém 12 ou 24 camadas de transformadores. O BERT é ensinado em MLM a prever se duas frases num documento se sobrepõem ou não, mascarando parte dos tokens numa expressão e tentando depois prever os tokens mascarados com base no contexto dos tokens circundantes, enquanto o BERT é ensinado em NSP a prever se duas frases num documento se sobrepõem ou não. Esta prática ajuda o BERT a estabelecer ligações entre frases e os seus contextos.

3.2.4.2 O modelo Gated Recurrent Unit (GRU)

A conceção da GRU é adaptável, com portas de atualização e de reinicialização capazes de lidar com entradas sequenciais. Uma porta de atualização é essencialmente uma combinação das portas de entrada e saída criadas pelo LSTM, bem como uma "porta de reposição". Ao contrário do LSTM, o GRU revelou o seu conteúdo de memória inteiramente em cada passo de tempo e utilizou uma combinação com fugas para ilustrar a relação entre o conteúdo de memória anterior e o novo.

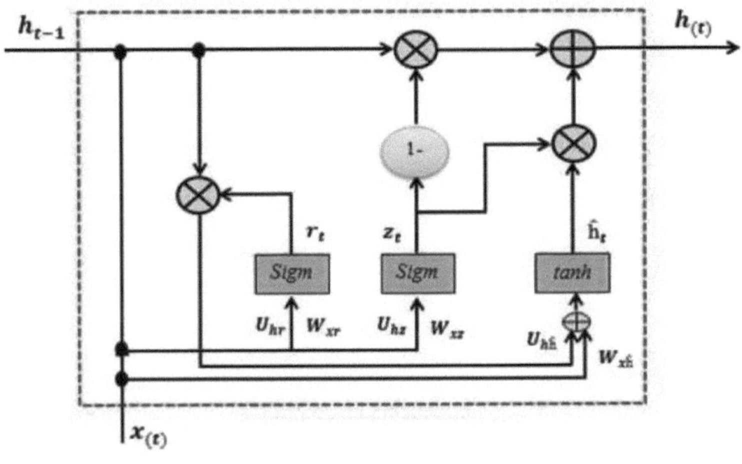

Fig. 3.3: A arquitetura da GRU (Zulqarnain et al., 2023)

Uma interpolação linear entre o estado anterior h_{t-1}^{i} e o estado candidato $\hat{h}_{t}^{i}$permite a ativação da GRU h_t^i:

$$h_t^i = (1 - z_t^i)h_{t-1}^i + z_t^i\hat{h}_t^i \qquad (1)$$

em que r_t^i representa a porta de reinicialização e é representado pela multiplicação de elementos. O dispositivo pode esquecer o passado quando a porta de reinicialização é desligada ($r_t^i = = 0$).

A porta de reset, a porta de atualização e o estado candidato avaliam as seguintes equações:

Reiniciar a porta

$$r_t^i = Sigm\ (W_r x_t + \ U_r h_{t-1})^I \qquad (2)$$

Portão de atualização

$$z_t^i = Sigm\ (W_z x_t + \ U_z h_{t-1})^I \qquad (3)$$

Estado candidato

$$\hat{h}_t^i = tanh(W_{x\hat{h}} x_t + \ U_{h\hat{h}}(r_t * h_{t-1}))^I \qquad (4)$$

Atualizar o portão z_t determinar qual

A porta de atualização z_t descreve o elemento do estado anterior que deve ser modificado através do estado candidato e capta as dependências a longo prazo, enquanto a porta de reinicialização r_t especifica qual o elemento do estado anteriormente oculto que deve ser ignorado com o passo de tempo *t* (Zulqarnain et al., 2020). A Fig. 3.5 mostra a arquitetura padrão da rede GRU.

3.3 A Matriz de Confusão

A matriz de confusão é uma tabela que é utilizada para avaliar o desempenho de um modelo de aprendizagem automática. Trata-se de uma tabela de quatro colunas com o número de instâncias em cada categoria apresentado em cada célula. As quatro células separadas são apresentadas de seguida:

A. **Verdadeiro positivo (TP):** O número total de instâncias positivas que foram projectadas para serem positivas.

B. **Falso positivo (FP):** O número total de ocorrências em que deveria ter sido atribuída uma classificação negativa, mas em vez disso foi atribuída uma classificação positiva.

C. **Falso negativo (FN):** O número total de ocorrências em que um evento positivo deveria ter ocorrido, mas foi projetado para ser negativo

D. **Verdadeiro negativo (TN):** O número total de ocorrências projectadas como negativas mas que se encontram verdadeiramente na categoria negativa.

A matriz de confusão pode ser utilizada para construir uma série de indicadores de desempenho para o modelo, incluindo:

i. **Precisão:** é definida como a percentagem de instâncias corretamente classificadas. É determinada pela multiplicação do número total de ocorrências pela soma dos valores TP e TN.

ii. **Precisão:** É uma percentagem de resultados positivos corretamente previstos. Para a calcular, divide-se o valor TP pela soma dos valores TP e FP.

iii. **Recuperação:** É a percentagem de ocorrências positivas que se esperava que fossem positivas. Divida o valor TP pelo total dos valores TP e FN para o obter.

iv. **Pontuação F1:** A pontuação F1 é uma média calculada da exatidão e da recuperação. É obtida utilizando a média harmónica da precisão e da recuperação.

A matriz de confusão para o nosso modelo é a seguinte:

Tabela 3.2: A tabela da matriz de confusão

Matriz de confusão		**Classes previstas**	
		Negativo	**Positivo**
Classes reais	**Negativo**	TN	PF
	Positivo	FN	TP

A matriz de confusão é uma óptima ferramenta para avaliar a eficácia de um modelo de aprendizagem profunda. Pode ser utilizada para identificar áreas em que o modelo se destaca e áreas em que precisa de ser melhorado.

CAPÍTULO QUATRO

RESULTADOS E DISCUSSÃO

4. 1 Apresentação dos resultados

Foi apresentada uma análise de desempenho baseada na avaliação de uma tarefa de etiquetagem de sequências utilizando o modelo GRU e o modelo BERT. Foi utilizado um conjunto de dados do mercado financeiro com 5.842 avaliações. A Fig. 4.1 mostra um código do conjunto de dados pré-treinado para imprimir o conjunto de dados depois de o Kaggle e outras bibliotecas apropriadas terem sido importadas.

```
data=pd.read_csv('/kaggle/input/financial-sentiment/data.csv')
data.head(15)
```

Fig. 4.1: Exemplo de código do conjunto de dados pré-treinado

	Sentence	Sentiment
0	The GeoSolutions technology will leverage Bene...	positive
1	*ESI onlows, down*1.50 to $2.50 BK a real po...	negative
2	For the last quarter of 2010 , Componenta 's n...	positive
3	According to the Finnish-Russian Chamber of Co...	neutral
4	The Swedish buyout firm has sold its remaining...	neutral
5	$SPY wouldn't be surprised to see a green close	positive
6	Shell's $70 Billion BG Deal Meets Shareholder ...	negative
7	SSH COMMUNICATIONS SECURITY CORP STOCK EXCHANG...	negative
8	Kone 's net sales rose by some 14 % year-on-ye...	positive
9	The Stockmann department store will have a tot...	neutral
10	Circulation revenue has increased by 5 % in Fi...	positive
11	$SAP Q1 disappoints as #software licenses down...	negative
12	The subdivision made sales revenues last year ...	positive
13	Viking Line has canceled some services .	neutral
14	Ahlstrom Corporation STOCK EXCHANGE ANNOUNCEME...	neutral

Fig. 4.2: Visualização de dados

A Fig. 4.2 mostra a visualização de dados de 15 frases com as etiquetas de sentimento adequadas geradas a partir de todo o conjunto de dados.

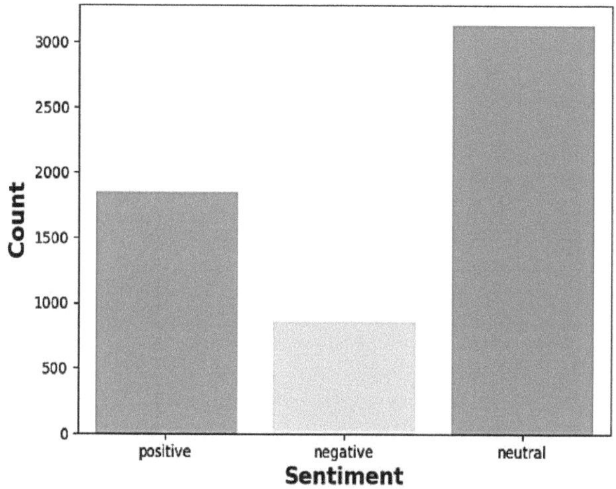

Fig. 4.3: Gráfico de classificação de sentimentos

Fig. 4.3 ilustra o gráfico de classificação de sentimentos usando os três principais rótulos de sentimentos. conjunto de dados. As Figs. 4.4 e 4.5 mostram o código de amostra e as frases de amostra para cada etiqueta de sentimento.

```
print('Sample Positive Sentence:\n')
print(random.sample(list(data.loc[data.Sentiment=='positive'].Sentence),2))
print('\n')

print('Sample Negative Sentence:\n')
print(random.sample(list(data.loc[data.Sentiment=='negative'].Sentence),2))
print('\n')

print('Sample Neutral Sentence:\n')
print(random.sample(list(data.loc[data.Sentiment=='neutral'].Sentence),2))
```

Fig. 4.4: Exemplo de código para cada etiqueta de sentimento

```
Sample Positive Sentence:

[' the change will optimize the operational efficiencies of our growing business  said julia prohaska  director of marketing communications for fiskars ', 'the company will also be compensated for acting as a reserve batch plant ']

Sample Negative Sentence:

['as a result  12 people will be made redundant and a total of 67 persons are laid off temporarily ', 'tsla recalls 2700 mode l x cars stock dropping hard']

Sample Neutral Sentence:

['no service pricing details were disclosed ', 'the value of the orders is over eur 10mn ']
```

Fig. 4.5: Exemplo de frase para cada etiqueta de sentimento

	Sentence	Sentiment	len
0	the geosolutions technology will leverage bene...	positive	32
1	esi on lows down 150 to 250 bk a real possibility	negative	11
2	for the last quarter of 2010 componenta s net...	positive	39
3	according to the finnishrussian chamber of com...	neutral	20
4	the swedish buyout firm has sold its remaining...	neutral	23
5	spy wouldnt be surprised to see a green close	positive	9
6	shells 70 billion bg deal meets shareholder sk...	negative	8
7	ssh communications security corp stock exchang...	negative	34
8	kone s net sales rose by some 14 yearonyear i...	positive	18
9	the stockmann department store will have a tot...	neutral	33
10	circulation revenue has increased by 5 in fin...	positive	17
11	sap q1 disappoints as software licenses down r...	negative	18
12	the subdivision made sales revenues last year ...	positive	28
13	viking line has canceled some services	neutral	7
14	ahlstrom corporation stock exchange announceme...	neutral	36

Fig. 4.6: Visualização de dados de um conjunto de dados limpo

Fig. 4.6 apresenta a visualização de dados de um conjunto de dados limpo com o comprimento de cada frase em que os símbolos, a pontuação, as junções, as palavras de paragem, etc. foram removidos ou unidos adequadamente.

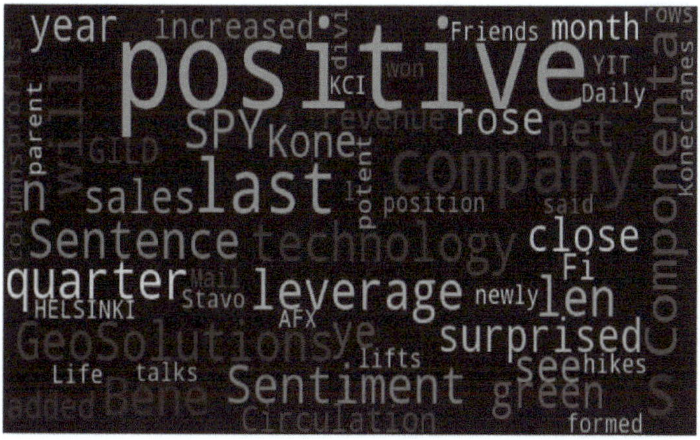

Fig. 4.7: Nuvem de palavras para a classe de sentimento positivo

Fig. 4.8: Nuvem de palavras para a classe de sentimento negativo

Fig. 4.9: Nuvem de palavras para a classe de sentimento neutro

As Figuras 4.7, 4.8 e 4.9 mostram as nuvens de palavras da classe de sentimento positivo, da classe de sentimento negativo e da classe de sentimento neutro com um máximo de 100 termos após a aplicação de stopwords adequadas ao conjunto de dados completo.

O conjunto de dados escolhido não é equilibrado, como se pode ver na Fig. 4.3. Como resultado, foi efectuada uma redução da amostragem para equilibrar a percentagem de rótulos de sentimentos positivos, negativos e neutros na amostra, de modo a equilibrar o conjunto de dados. Isto é conseguido escolhendo aleatoriamente um subconjunto de instâncias da classe maioritária para igualar o número de exemplos na classe minoritária.

```
pos=data[data.iloc[:, -1]=='positive'][:870] ##Pick first 860s
neu=data[data.iloc[:, -1]=='neutral'][:870] #Pick first 860s
neg=data[data.iloc[:, -1]=='negative'][:860]
__data=pd.concat([pos, neu, neg], axis=0)

plt.title('Count plot after downsampling')
sns.countplot(x=__data.iloc[:, -1], )
```

Fig. 4.10: Código para a redução da amostra

Fig. 4.10 mostra o código para reduzir a amostragem quando os rótulos de sentimento neutro e positivo são reduzidos a um valor próximo do rótulo de sentimento negativo, para evitar o enviesamento para uma determinada classe de sentimento durante a formação do modelo.

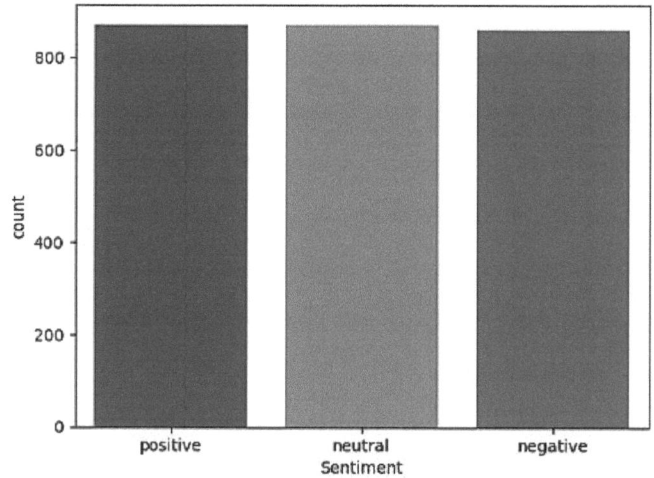

Fig. 4.11: Count Plot After Downsampling

A Fig. 4.11 apresenta o gráfico de contagem após a redução da amostra. Para efetuar uma avaliação justa, foi utilizado o mesmo conjunto de dados com amostragem reduzida tanto para o modelo GRU como para o modelo BERT. Eis os resultados obtidos:

4.1.1 Análise de desempenho do modelo GRU

Foram utilizadas várias medidas para avaliar o desempenho do modelo GRU ao longo da fase de treino, incluindo a perda, a exatidão, a precisão e a recuperação. O optimizador Adam foi treinado durante 30 épocas com uma taxa de aprendizagem de 0,001. O modelo GRU é apresentado na Fig. 4.12 com o mesmo número de parâmetros totais, parâmetros treináveis e parâmetros não treináveis. Como resultado, o desempenho do modelo foi avaliado em relação a um conjunto de validação. O modelo, no entanto, usou uma chamada de retorno de término antecipado, fazendo com que o modelo GRU parasse na 5ª época, como visto na Fig. 4.13.

Na Fig. 4.13, a taxa de aprendizagem foi definida para 0,001 durante o treinamento e mantida constante até a época 4. A taxa de aprendizagem desceu para 0,0001 na época 5. Esta é uma prática frequente de aprendizagem profunda para ajudar o modelo a convergir progressivamente para uma resposta melhor. A taxa de aprendizagem utilizada pode ter um impacto significativo no sucesso de um modelo de aprendizagem profunda. Se a taxa de aprendizagem for demasiado rápida, o modelo pode ultrapassar a solução óptima e não convergir; por outro lado, se a taxa de aprendizagem for demasiado lenta, o modelo pode demorar demasiado tempo a convergir e ficar preso num mínimo local. Por conseguinte, é importante escolher uma taxa de aprendizagem adequada que equilibre a velocidade de convergência e o desempenho.

Neste projeto, a taxa de aprendizagem foi cuidadosamente selecionada e ajustada durante o treino para garantir que o modelo era capaz de convergir para uma boa solução, evitando armadilhas comuns como o sobreajuste ou a fraca convergência. O desempenho do modelo foi avaliado em cada época para garantir que estava a melhorar ao longo do tempo, e a taxa de aprendizagem foi ajustada em conformidade para afinar o seu desempenho.

É importante notar que a programação específica da taxa de aprendizagem utilizada no processo de formação pode variar em função do problema e da arquitetura do modelo utilizado. A experimentação com diferentes programações e parâmetros da taxa de aprendizagem é frequentemente necessária para encontrar a configuração de treino ideal.

```
model=rnn_model(shape=(53))
model.summary()
```

```
Model: "model"
_________________________________________________________________
 Layer (type)                Output Shape              Param #
=================================================================
 input_3 (InputLayer)        [(None, 53)]              0

 embedding (Embedding)       (None, 53, 34)            242590

 gru (GRU)                   (None, 53, 32)            6528

 gru_1 (GRU)                 (None, 53, 64)            18816

 flatten (Flatten)           (None, 3392)              0

 dropout (Dropout)           (None, 3392)              0

 dense (Dense)               (None, 3)                 10179

=================================================================
Total params: 278,113
Trainable params: 278,113
Non-trainable params: 0
_________________________________________________________________
```

Fig. 4.12: Número de parâmetros treináveis na GRU

```
es=EarlyStopping(mode='min', monitor='val_loss', patience=3, restore_best_weights=True)
rl=ReduceLROnPlateau(monitor='val_loss', mode='min', patience=2, min_lr=1e-7)
model.compile(loss='categorical_crossentropy', optimizer=Adam(learning_rate=1e-3), metrics=['accuracy', Precision(), Recall()])
model.fit(x=padded, y=labels, epochs=30, batch_size=20, callbacks=[es,rl], validation_split=.12)
```

```
Epoch 1/30
115/115 [==============================] - 13s 74ms/step - loss: 1.0735 - accuracy: 0.4038 - precision_3: 0.6250 - recall_3: 0.0131 - val_loss: 1.6523 - val_accuracy: 0.0000e+00 - val_precision_3: 0.0000e+00 - val_recall_3: 0.0000e+00 - lr: 0.0010
Epoch 2/30
115/115 [==============================] - 8s 71ms/step - loss: 0.9663 - accuracy: 0.5109 - precision_3: 0.6367 - recall_3: 0.2015 - val_loss: 1.3314 - val_accuracy: 0.2981 - val_precision_3: 0.0833 - val_recall_3: 0.0128 - lr: 0.0010
Epoch 3/30
115/115 [==============================] - 8s 67ms/step - loss: 0.6101 - accuracy: 0.7605 - precision_3: 0.8032 - recall_3: 0.6814 - val_loss: 1.3441 - val_accuracy: 0.5769 - val_precision_3: 0.6023 - val_recall_3: 0.5096 - lr: 0.0010
Epoch 4/30
115/115 [==============================] - 8s 68ms/step - loss: 0.2952 - accuracy: 0.8938 - precision_3: 0.9083 - recall_3: 0.8706 - val_loss: 1.8623 - val_accuracy: 0.4744 - val_precision_3: 0.4767 - val_recall_3: 0.4263 - lr: 0.0010
Epoch 5/30
115/115 [==============================] - 8s 68ms/step - loss: 0.1766 - accuracy: 0.9340 - precision_3: 0.9409 - recall_3: 0.9253 - val_loss: 2.2018 - val_accuracy: 0.4808 - val_precision_3: 0.4710 - val_recall_3: 0.4423 - lr: 1.0000e-04
<keras.callbacks.History at 0x7b8b884b9cc0>
```

Fig. 4.13: Épocas da GRU

$$F1\_Score = \frac{2 \ x \ P_{re} \ x \ R_{ec}}{P_{re} + R_{ec}} \quad F1\_Score = \frac{2 \ x \ 0.9409 \ x \ 0.9253}{0.9409 + 0.9253} = 0.9330 \tag{4.1}$$

O modelo teve uma perda de 1,0735 e uma exatidão de 0,4038 durante a primeira época, o que mostra que o seu desempenho era fraco no início da fase de treino. No entanto, à medida que o treino avançava, o desempenho do modelo aumentou gradualmente.

A exatidão do modelo aumentou para 0,7605 na terceira época, com uma precisão de 0,8032 e uma recuperação de 0,6814. Isto mostra que o algoritmo continua a tornar-se mais fiável na categorização dos tweets como positivos, negativos ou neutros.

A exatidão do modelo aumentou para 0,9340 na quinta época, que é também a época de paragem do modelo, com uma precisão de 0,9409 e uma recuperação de 0,9253. Quando a chamada de retorno de parada antecipada não foi ativada, o desempenho do modelo começou a se deteriorar nas épocas subsequentes, com uma perda maior e uma precisão pior. Como resultado, o modelo GRU foi capaz de categorizar os tweets em sentimentos positivos, negativos e neutros com um grau de precisão aceitável utilizando a função de retorno de chamada de paragem antecipada.

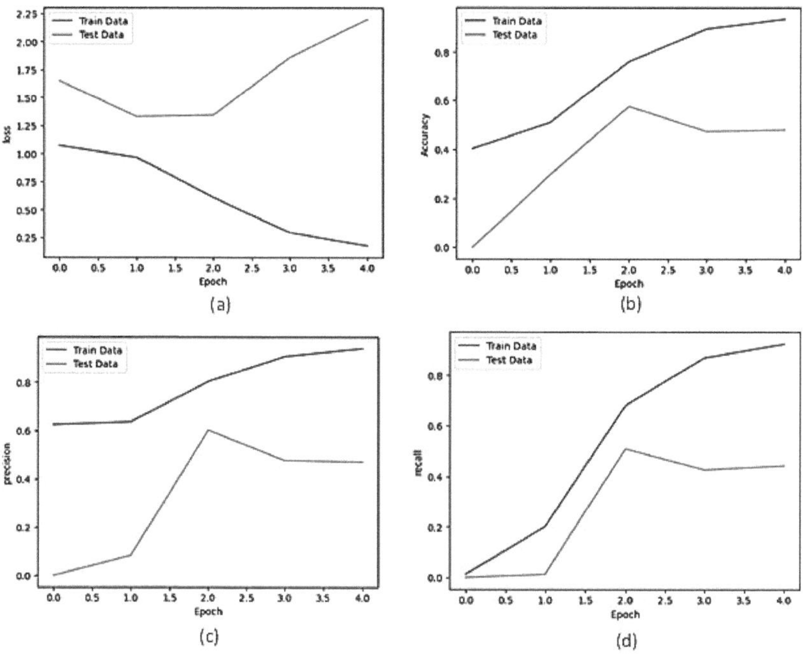

Fig. 4.14: Gráfico de desempenho do modelo GRU

A Fig. 4.14 apresenta o gráfico de desempenho do modelo GRU para os dados treinados e de teste. A Fig. (a) mostra o gráfico de desempenho das perdas. Observou-se no gráfico que a perda nos dados de teste é extremamente elevada quando comparada com os dados de treino. Enquanto a Fig. (b) apresenta uma melhor exatidão dos dados de treino, os dados treinados para a precisão e a recuperação são mais elevados quando comparados com os dados de teste, como mostram as Figs. (c) e (d), respetivamente.

4.1.2 Análise de desempenho do modelo BERT

Foram utilizadas várias medidas, incluindo perda, exatidão, precisão e recuperação, para avaliar o desempenho do modelo BERT em cada época ao longo do processo de formação. O treino foi concluído em 30 épocas utilizando o optimizador Adam a uma taxa de aprendizagem de 0,001. De acordo com a Fig. 4.15, existe uma diferença substancial no número total de parâmetros e nos parâmetros treináveis para o modelo BERT quando comparado com o modelo GRU. Este facto ajuda a compreender a forma como a análise de sentimentos ocorre no modelo BERT, que é uma das principais razões pelas quais o modelo BERT foi escolhido para a análise. Num conjunto de validação, foi avaliado o desempenho do modelo. O modelo, no entanto, utilizou uma chamada de retorno de paragem antecipada, resultando na paragem do modelo BERT na 7ª época, como se pode ver na Fig. 4.16.

```
Model: "model_1"
__________________________________________________________________________________________________
 Layer (type)                   Output Shape         Param #     Connected to
==================================================================================================
 input_11 (InputLayer)          [(None, 53)]         0           []

 embedding_3 (Embedding)        (None, 53, 36)       256860      ['input_11[0][0]']

 dense_2 (Dense)                (None, 53, 36)       1332        ['embedding_3[0][0]']

 tf.__operators__.add (TFOpLamb  (None, 53, 36)      0           ['dense_2[0][0]']
 da)

 layer_normalization (LayerNorm  (None, 53, 36)      72          ['tf.__operators__.add[0][0]']
 alization)

 multi_head_attention (MultiHea  (None, 53, 36)      37668       ['layer_normalization[0][0]',
 dAttention)                                                      'layer_normalization[0][0]']

 dense_10 (Dense)               (None, 53, 64)       2368        ['multi_head_attention[0][0]']

 flatten_1 (Flatten)            (None, 3392)         0           ['dense_10[0][0]']

 dropout_2 (Dropout)            (None, 3392)         0           ['flatten_1[0][0]']

 dense_11 (Dense)               (None, 3)            10179       ['dropout_2[0][0]']

==================================================================================================
Total params: 308,479
Trainable params: 308,479
Non-trainable params: 0
__________________________________________________________________________________________________
```

Fig. 4.15: Número de parâmetros treináveis no BERT

```
es=EarlyStopping(mode='min', monitor='val_loss', patience=6, restore_best_weights=True)
rl=ReduceLROnPlateau(monitor='val_loss', mode='min', patience=2, min_lr=1e-7)
model2.compile(loss='categorical_crossentropy', optimizer=Adam(learning_rate=1e-3), metrics=['accuracy', Precision(), Recall()])
model2.fit(x=padded, y=labels, epochs=30, batch_size=20, callbacks=[es,rl], validation_split=.12)

Epoch 1/30
115/115 [==============================] - 5s 34ms/step - loss: 0.6867 - accuracy: 0.7124 - precision_5: 0.7506 - recall_5:
0.6329 - val_loss: 1.4782 - val_accuracy: 0.3333 - val_precision_5: 0.2778 - val_recall_5: 0.2083 - lr: 0.0010
Epoch 2/30
115/115 [==============================] - 4s 31ms/step - loss: 0.3348 - accuracy: 0.8684 - precision_5: 0.8752 - recall_5:
0.8462 - val_loss: 1.6793 - val_accuracy: 0.4487 - val_precision_5: 0.4485 - val_recall_5: 0.3910 - lr: 0.0010
Epoch 3/30
115/115 [==============================] - 3s 29ms/step - loss: 0.1850 - accuracy: 0.9165 - precision_5: 0.9199 - recall_5:
0.9135 - val_loss: 1.8247 - val_accuracy: 0.5577 - val_precision_5: 0.5658 - val_recall_5: 0.5513 - lr: 0.0010
Epoch 4/30
115/115 [==============================] - 3s 29ms/step - loss: 0.1109 - accuracy: 0.9454 - precision_5: 0.9465 - recall_5:
0.9436 - val_loss: 1.9097 - val_accuracy: 0.5545 - val_precision_5: 0.5505 - val_recall_5: 0.5417 - lr: 1.0000e-04
Epoch 5/30
115/115 [==============================] - 3s 30ms/step - loss: 0.0982 - accuracy: 0.9471 - precision_5: 0.9475 - recall_5:
0.9458 - val_loss: 2.5292 - val_accuracy: 0.4423 - val_precision_5: 0.4426 - val_recall_5: 0.4327 - lr: 1.0000e-04
Epoch 6/30
115/115 [==============================] - 3s 30ms/step - loss: 0.0926 - accuracy: 0.9515 - precision_5: 0.9514 - recall_5:
0.9506 - val_loss: 2.4334 - val_accuracy: 0.4904 - val_precision_5: 0.4886 - val_recall_5: 0.4808 - lr: 1.0000e-05
Epoch 7/30
115/115 [==============================] - 3s 30ms/step - loss: 0.0904 - accuracy: 0.9528 - precision_5: 0.9527 - recall_5:
0.9515 - val_loss: 2.3853 - val_accuracy: 0.5064 - val_precision_5: 0.5065 - val_recall_5: 0.4968 - lr: 1.0000e-05
<keras.callbacks.History at 0x7b8b884b9fc0>
```

Fig. 4.16: Épocas do BERT

$$F_{me} = \frac{2\,x\,P_{re}\,x\,R_{ec}}{P_{re} + R_{ec}} F_{me} = \frac{2\,x\,0.9527\,x\,0.9515}{0.9527 + 0.9515} = 0.9521 \qquad (4.2)$$

A Fig. 4.17 apresenta o gráfico de desempenho do modelo BERT para os dados treinados e de teste. A Fig. (a) apresenta o gráfico de desempenho das perdas. Observou-se no gráfico que a perda nos dados de teste é extremamente elevada quando comparada com os dados de treino. Enquanto a Fig. (b) apresenta uma melhor exatidão dos dados de treino, os dados treinados para a precisão e a recuperação são mais elevados quando comparados com os dados de teste, como mostram as Figs. (c) e (d), respetivamente.

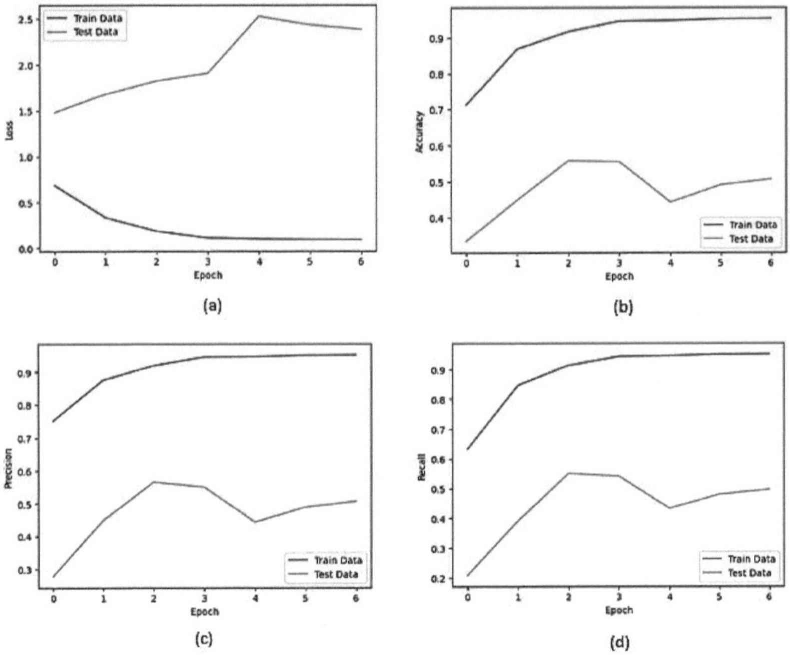

Fig. 4.17: Gráfico de desempenho do modelo BERT

Nos dados de treino, o modelo alcançou uma precisão notável de 95,28%. Isto significa que o modelo classificou corretamente 95,28% das amostras do comboio. Para além da exatidão total, foram calculadas a precisão e a recuperação para cada classe. A precisão, por outro lado, é a proporção de positivos verdadeiros entre todos os positivos projectados e a recuperação é a proporção de positivos genuínos entre todos os positivos reais. A precisão e a recuperação são medidas cruciais para avaliar o desempenho do modelo em cada classe, uma vez que mostram a eficácia com que o modelo consegue reconhecer cada classe.

A precisão do modelo BERT personalizado foi de 0,9527, o que significa que, de todas as previsões que o modelo fez para o sentimento positivo, 95,27% delas eram efetivamente positivas.

Estes resultados indicam que o modelo teve um bom desempenho em ambas as classes, com um desempenho ligeiramente melhor na classe negativa.

4.2 Discussão dos resultados

Na tarefa de análise de sentimentos, o modelo BERT e o modelo GRU foram comparados. Os valores elevados de precisão e de recuperação indicam que os dois modelos estão a ter um bom desempenho, com um desempenho ligeiramente melhor na classe negativa. Ambos os modelos têm pontuações de precisão superiores a 0,9, o que indica que o modelo identifica corretamente a maioria das críticas positivas e negativas. Da mesma forma, as pontuações de recuperação de ambos os modelos também são superiores a 0,9, sugerindo que o modelo classifica com precisão a maioria das atitudes positivas e negativas no conjunto de dados de teste.

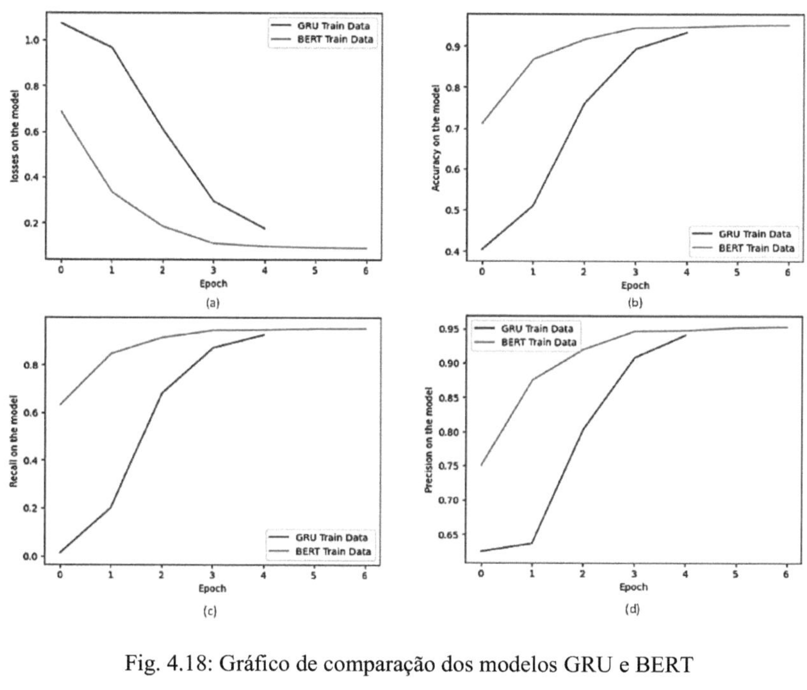

Fig. 4.18: Gráfico de comparação dos modelos GRU e BERT

Ambos os modelos apresentam vantagens e desvantagens distintas, o que torna crucial a realização de uma avaliação exaustiva do seu desempenho para identificar o modelo mais adequado para um determinado projeto. Enquanto o modelo GRU se destaca na captura de informação sequencial nos dados, o modelo BERT supera o GRU em termos de velocidade e precisão.

A Fig. 4.18 ilustra o desempenho impressionante do modelo BERT depois de ter sido afinado num pequeno conjunto de dados financeiros. Este processo optimizou os parâmetros e a arquitetura do modelo, especialmente para a tarefa de análise de sentimentos em dados financeiros. O ajuste fino permitiu que o modelo adquirisse informações contextuais, melhorando assim a sua capacidade de classificar os tweets como positivos, negativos ou neutros. Além disso, a complexidade computacional do modelo BERT modificado foi relativamente baixa, o que o torna adequado para ser implementado em dispositivos com poucos recursos. Consequentemente, o estudo sublinha a importância de aplicar modelos BERT para a análise de sentimentos e de os aperfeiçoar para aplicações específicas.

Foi utilizada uma matriz de confusão para avaliar o desempenho do modelo, complementando a sua precisão global. Esta matriz fornece uma análise detalhada do número de verdadeiros positivos, falsos positivos e falsos negativos para cada classe.

A matriz de confusão dos nossos modelos é a seguinte:

Tabela 4.1: Matriz de Confusão para o Modelo GRU

Matriz de confusão		**Classes previstas**	
		Negativo	**Positivo**
Classes reais	**Negativo**	660	57
	Positivo	1	870

Tabela 4.2: Matriz de confusão para o modelo BERT

Matriz de confusão		**Classes previstas**	
		Negativo	**Positivo**
Classes reais	**Negativo**	520	290
	Positivo	180	590

A matriz de confusão gerada para a GRU e o BERT é apresentada nas Tabelas 4.1 e 4.2. O modelo tem claramente mais verdadeiros negativos (TN) e verdadeiros positivos (TP) do que falsos negativos (FN) e falsos positivos (FP). Isto significa que o modelo é melhor a identificar corretamente as críticas negativas (TN) e positivas (TP), em vez de as classificar incorretamente como o oposto.

CAPÍTULO CINCO

RESUMO, CONCLUSÃO E RECOMENDAÇÃO S

5.1 Resumo

O estudo investiga a análise de sentimentos nos mercados financeiros utilizando os modelos Gated Recurrent Unit (GRU) e Bidirectional Encoder Representations from Transformers (BERT). O equilíbrio de sentimentos é conseguido através do pré-processamento e da redução selectiva da amostragem do conjunto de dados do mercado financeiro Kaggle. O desempenho do modelo é avaliado através da exatidão, perda, precisão e F1-Score. Os resultados revelam que o modelo GRU melhora gradualmente na categorização de tweets em diferentes sentimentos através de treino ajustado e paragem precoce. Em contrapartida, o modelo BERT, que apresenta uma arquitetura distinta e menos parâmetros, supera o modelo GRU tanto em termos de velocidade como de precisão. A discussão destaca as vantagens do BERT em termos de velocidade e precisão, reconhecendo também os benefícios do ajuste fino num conjunto de dados financeiros mais pequeno para uma melhor análise de sentimentos em ambientes com recursos limitados. Ambos os modelos são validados através da análise da matriz de confusão, que demonstra proporções mais elevadas de verdadeiros positivos e verdadeiros negativos. Consequentemente, o estudo realça a aplicabilidade dos modelos BERT na análise de sentimentos financeiros, destacando a sua velocidade e precisão, ao mesmo tempo que reconhece a eficácia do modelo GRU na captura de informações sequenciais. Este facto contribui para uma compreensão abrangente da análise de sentimentos em contextos financeiros.

5.2 Conclusão

A aplicação de técnicas de aprendizagem profunda para a análise de sentimentos, em particular os modelos Gated Recurrent Unit (GRU) e Bidirectional Encoder Representations from Transformers (BERT), produziu resultados notáveis, destacando as capacidades excepcionais destes modelos no reconhecimento e categorização de emoções humanas a partir de dados textuais. O modelo GRU demonstrou um forte desempenho na análise de sentimentos, alcançando uma precisão de 93,4%. A sua exatidão de 94,09% e a sua recuperação de 92,53% reflectem uma capacidade equilibrada de identificar com precisão tanto os sentimentos positivos como os negativos. A pontuação F1 calculada de 93,30% ilustra ainda mais a eficácia geral do modelo na captação de nuances emocionais. Por outro lado, o modelo BERT ultrapassou o GRU com uma exatidão ainda maior de 94,28%. A precisão deste modelo, de 95,27%, e a recuperação, de 95,15%, demonstram a sua excecional capacidade de discernir sentimentos no texto fornecido. A proficiência do modelo BERT na categorização de sentimentos é evidenciada pela sua impressionante pontuação F1 de 95,21%. Estes resultados sublinham a importância dos modelos linguísticos pré-treinados, como o BERT, que demonstraram a capacidade de captar eficazmente o contexto e a semântica, conduzindo a um melhor desempenho na análise de sentimentos. No entanto, é importante ter em conta a complexidade computacional e os requisitos de recursos associados ao BERT. Consequentemente, a implementação de técnicas de aprendizagem profunda, especificamente os modelos BERT e GRU, avançou os limites da precisão da análise de sentimentos, com o BERT a emergir como o melhor desempenho. Estes resultados sugerem que os modelos de aprendizagem profunda são muito promissores para uma variedade de tarefas de processamento de linguagem natural, contribuindo potencialmente para aplicações de análise de sentimentos mais precisas e conscientes do contexto.

5.3 Recomendações

Com base no desempenho notável dos modelos GRU e BERT na análise de sentimentos, eis as principais recomendações para investigação futura e aplicação prática:

1. Deverá ser efectuada mais investigação sobre a integração dos modelos GRU e BERT, com o objetivo de tirar partido dos seus pontos fortes individuais e, potencialmente, obter uma maior precisão e robustez.
2. Recomenda-se que a análise seja alargada de modo a incluir uma variedade de línguas e dialectos para aumentar a aplicabilidade global dos modelos.
3. Recomenda-se a realização de testes exaustivos entre domínios para avaliar a adaptabilidade e o potencial de generalização dos modelos em vários sectores e disciplinas.
4. A integração de modelos de análise de sentimentos em interfaces e aplicações de fácil utilização é essencial para melhorar a acessibilidade e a utilidade para os utilizadores não técnicos, facilitando assim uma adoção mais ampla em vários sectores e domínios.
5. Devem ser desenvolvidas técnicas de análise de sentimentos em tempo real para apoiar ambientes dinâmicos em linha e facilitar os processos de tomada de decisões sensíveis ao tempo.
6. Para facilitar a implementação prática num conjunto diversificado de aplicações, os esforços de investigação devem concentrar-se em melhorar a eficiência computacional e a escalabilidade destes modelos.

7. Recomenda-se mais investigação para desenvolver estratégias para comunicar eficazmente as previsões do modelo, o que aumentará a confiança do utilizador e a compreensão do processo de análise de sentimentos.
8. A investigação em curso deve concentrar-se na identificação e atenuação dos enviesamentos nos algoritmos de análise de sentimentos para garantir que os resultados sejam justos e imparciais, em conformidade com os princípios éticos da IA.

5.4 Sugestões para estudos futuros

Há várias vias promissoras para fazer avançar o domínio da análise de sentimentos utilizando técnicas de aprendizagem profunda que merecem ser exploradas. Dadas as realizações notáveis dos modelos GRU e BERT, uma abordagem intrigante consiste em integrar ambos os modelos, tirando partido dos respectivos pontos fortes para alcançar potencialmente uma exatidão e precisão ainda maiores. Além disso, a análise dos mecanismos de interpretabilidade e explicabilidade destes modelos poderia fornecer informações mais aprofundadas sobre os seus processos de tomada de decisão. A avaliação entre domínios pode avaliar a adaptabilidade dos modelos, embora seja essencial ter em conta os potenciais enviesamentos nas previsões de sentimentos. Além disso, a investigação da escalabilidade e da aplicabilidade no mundo real destes modelos em várias línguas e contextos culturais reforçaria a relevância deste domínio. Com uma maior otimização e afinação, estes modelos podem ser utilizados eficazmente para detetar com precisão o sentimento em entradas de texto para aplicações no mundo real.

REFERÊNCIAS

Aarthi, E., Jagan, S., Devi, C. P., Gracewell, J. J., Choubey, S. B., Choubey, A., & Gopalakrishnan, S. (2024). Um modelo de conjunto profundo fundido otimizado por fluxo turbulento (TFO-DFE) para análise de sentimento usando dados de corpus social. *Social Network Analysis and Mining*, 14(1), 41. https://doi.org/10.1007/s13278-024-01203-2

Adelakun, N., & Baale, A. (2024). Análise de sentimento de notícias financeiras usando o modelo Bert. *ITEGAM-Journal of Engineering and Technology for Industrial Applications,* 10(48), 21-27. https://doi.org/10.5935/jetia.v10i48.1029

Adelakun, N. O. (2024, 14 de maio). Explorando o impacto da inteligência artificial nos sistemas de recuperação de informações. *Information Matters*, Vol. 4, Issue 5. https://informationmatters.org/2024/05/exploring-the-impact-of-artificial-intelligence-on-information-retrieval-systems http://dx.doi.org/10.2139/ssrn.4834942

Adelakun, N. O. (2023). Sentiment Analysis Using Deep Learning Techniques, uma tese de mestrado, Faculdade de Ciências, Universidade Nacional Aberta da Nigéria, Abuja, Nigéria.

Adelakun, N. O. (2023, 11 de julho). Navegando pelos desafios e tendências futuras na análise de sentimentos para a tomada de decisões de investimento. *Information Matters*, Vol. 3, Issue 7. https://informationmatters.org/2023/07/navigating-challenges-and-future-trends-in-sentiment-analysis-forinvestment-decision-making/ http://dx.doi.org/10.2139/ssrn.4513208

Adelakun, N. O. (2023, 15 de março). Impacto das tecnologias de informação e comunicação no desempenho académico dos alunos. *Information Matters*, Vol. 3, Issue 3. https://informationmatters.org/2023/03/impact-of-information-and-communication-technology-on-students-academic-performance. http://dx.doi.org/10.2139/ssrn.4417299

Adelakun, N. O., Olanipekun, B. A., & Bakinde, S. A. (2020). Abordagem fácil para um design de site responsivo usando o software de aplicação Artisteer. *Jornal Internacional de Pesquisa de Modernização em Engenharia Tecnologia e Ciência Modernização em Engenharia*, 2(3), 1-6. http://doi.org/10.5281/zenodo.3930473

Ain, Q. T., Ali, M., Riaz, A., Noureen, A., Kamran, M., Hayat, B., & Rehman, A. (2017). Análise de sentimento usando técnicas de aprendizado profundo: Uma revisão. *Jornal Internacional de Ciência e Aplicações Informáticas Avançadas*, 8(6), 424-433.

Aggarwal, C. C. (2018). Redes neurais e aprendizagem profunda. Springer International Publishing, 2018: Berlim, Alemanha.

Alam K. N., Khan M. S., Dhruba A. R., Khan M. M., Al-Amri J. F., Masud M. & Rawashdeh M. (2021) Análise de sentimento baseada em aprendizagem profunda das respostas de vacinação COVID-19 a partir de dados do Twitter. *Métodos de matemática computacional*, Med. 4321131. http://doi.org/10.1155/2021/4321131.

Alslaity, A., & Orji, R. (2024). Técnicas de aprendizagem automática para deteção de emoções e análise de sentimentos: estado atual, desafios e direcções futuras. Comportamento e Tecnologia da Informação, 43(1), 139-164. https://doi.org/10.1080/0144929X.2022.2156387

Asghar, M. Z., Khan, A., Ahmad, S., & Kundi, F. M. (2014). Uma revisão da extração de recursos na análise de sentimentos. *Jornal de Pesquisa Científica Básica e Aplicada*, 4(3), 181-186.

Balakrishnan V., Shi Z., Law C. L., Lim R., Teh L. L. & Fan Y. (2022) Uma abordagem de aprendizagem profunda na previsão das classificações de sentimento dos produtos: uma análise comparativa. *The Journal of Supercomputing*. 78(5):7206-7226. http://doi.org/10.1007/s11227-021-04169-6

Bello, A., Ng, S., & Leung, M. (2023). Uma estrutura BERT para análise de sentimento de tweets. *Sensors*, 23(506), 1-14. https://doi.org/10.3390/s23010506

Bharti S. K., Varadhaganapathy S., Gupta R. K., Shukla P. K., Bouye M., Hingaa S. K. & Mahmoud A. (2022). Reconhecimento de emoção baseado em texto usando abordagem de aprendizado profundo. *Inteligência Computacional e Neurociência.* 2645381. https://doi.org/10.1155/2022/2645381

Birjali M, Kasri M, Beni-Hssane A (2021) A comprehensive survey on sentiment analysis: approaches, challenges and trends. *Knowledge-Based Systems*, 226:107134. https://doi.org/10.1016/j.knosys. 2021.107134

Britz, D. (2015). Tutorial de Redes Neurais Recorrentes, Parte 1-Introdução às Rnns. http://www.wildml.com/2015/09/recurrent-neural-networkstutorial-part-1-introduction-to-rnns

Cen, P., Zhang, K., & Zheng, D. (2020). Análise de sentimento usando abordagem de aprendizado profundo. *Journal on Artificial Intelligence*, 2(1), 17-27. https://doi.org/10.32604/jai.2020.010132

Chan, C., Hu, X., Zhang, H., & Shou, Z. (2020). Análise de sentimento de granulação fina baseada em Bert. *Jornal de Física: Série de Conferências*, 1651, 012016. https://doi.org/10.1088/1742-6596/1651/1/012016

Chandra R. & Krishna A. (2021) Análise de sentimento COVID-19 por meio de aprendizado profundo durante o aumento de novos casos. *PLoS One*. 16(8):e0255615. https://doi.org/10.1371/journal.pone.0255615

Chaturvedi, I., Cambria, E., Welsch, R. E., & Herrera, F. (2018). Distinguir entre factos e opiniões para análise de sentimentos: Survey and challenges. *Fusão de informações*, 44(junho de 2017), 65-77. https://doi.org/10.1016/j.inffus.2017.12.006

Chauhan, V. K., Bansal, A., & Goel, A. (2018). Análise de sentimento do Twitter usando Vader. *Revista Internacional de Pesquisa Avançada, Ideias e Inovações em Tecnologia*, 4(1), 485-489.

Chung, J., Gulcehre, C., Cho, K., &Bengio, Y. (2014). Avaliação empírica de redes neurais recorrentes fechadas na modelagem de sequências. *ArXiv*:1412.3555, 1-9.

Dang, N. C., Moreno-García, M. N., &Prieta, F. D. la. (2020). Análise de sentimento baseada em aprendizado profundo: Um estudo comparativo. *Eletrónica*, 9(483), 1-29. https://doi.org/10.3390/electronics9030483

Day, M., & Lee, C. (2016). Aprendizagem profunda para análise de sentimentos financeiros em fornecedores de notícias financeiras. Conferência Internacional IEEE/ACM sobre avanços na análise e mineração de redes sociais (ASONAM), 1127-1134.

Devlin, J., Chang, M.-W., Lee, K., & Toutanova, K. (2019). BERT: Pré-treinamento de transformadores bidirecionais profundos para compreensão da linguagem. ArXiv:1810.04805v2.

Garg, P. (2016). Análise de sentimento de dados do Twitter usando NLTK em Python (edição de junho). Tese de Mestrado, Departamento de Ciência e Engenharia da Computação, Universidade Thapar.

Gong, X., Ying, W., Zhong, S., & Gong, S. (2022). Análise de sentimento de texto baseada em transformador e aumento. *Fronteiras em Psicologia*, 13 (maio). https://doi.org/10.3389/fpsyg.2022.906061

Habimana, O., Li, Y., Li, R., Gu, X., & Yu, G. (2020). Análise de sentimentos usando abordagens de aprendizagem profunda: uma visão geral. *Ciência China Ciências da Informação*, 63(1), 111102:1-111102:36. https://doi.org/10.1007/s11432-018-9941-6

Iglesias, C. A., & Moreno, A. (2019). Análise de sentimento para mídias sociais. *Ciências Aplicadas*, 9, 5037. https://doi.org/10.3390/app9235037

Jadhav, S. C., Sonawane, P. U., Khairnar, R. N., Asane, P. R., & Waghmare, A. I. (2022). Análise de sentimento baseada em aspeto usando rede neural de convolução e unidade recorrente fechada. *Jornal Internacional de Publicação de Pesquisa e Revisões*, 3(5), 2647-2653.

Kaur, G., & Sharma, A. (2023). Um modelo baseado em aprendizado profundo usando abordagem de extração de recursos híbridos para análise de sentimento do consumidor. *Journal of Big Data*, 10(1). https://doi.org/10.1186/s40537-022-00680-6

Kauter, M.V., Breesch, D., & Hoste, V. (2015). Análise refinada do sentimento explícito e implícito em artigos de notícias financeiras. *Expert Syst. Appl.*, 42, 4999-5010.

Kokab, S. T., Asghar, S., & Naz, S. (2022). Modelos de aprendizagem profunda baseados em transformadores para a análise de sentimentos de dados de mídia social. *Array*, 14, 100157. https://doi.org/10.1016/j.array.2022.100157

Kurniasari, L., &Setyanto, A. (2020). Análise de sentimento usando rede neural recorrente. IOP Conf. Series: *Journal of Physics: Conf. Series*, 1471(012018), 1-6. https://doi.org/10.1088/1742-6596/1471/1/012018

Long, H., Liao, B., Xu, X., & Yang, J. (2018). Um modelo híbrido de aprendizado profundo para prever locais de hidroxilação de proteínas. *Int. J. Mol. Sci.*, 19, 2817.

Malo, P., Sinha, A., Korhonen, P., Wallenius, J., & Takala, P. (2014). Dívida boa ou dívida má: Detetar orientações semânticas em textos económicos. Journal of the Association for *Information Science and Technology*, 65(4), 782-796. https://doi.org/10.1002/asi.23062

Mäntylä, M. V, Graziotin, D., &Kuutila, M. (2018). A evolução da análise de sentimentos - Uma revisão dos tópicos de pesquisa, locais e artigos mais citados. *Computer Science Review*, 27, 16-32. https://doi.org/10.1016/j.cosrev.2017.10.002

Mehta, P., & Pandya, S. (2020). Uma revisão das metodologias, práticas e aplicações da análise de sentimentos. *Revista Internacional de Investigação Científica e Tecnológica*, 9(02), 601-609.

Michalak, J. (2016). Detectando Sentimento em Dados do Twitter - Abordagem de Aprendizado de Máquina Supervisionado para Análise de Sentimento do Twitter em Python. *Torun Business Review*, 15(4), 97-110. https://doi.org/10.19197/tbr.v15i4.71

Milosevic N. (2016). Previsão de acções: prever o movimento do preço das acções a longo prazo utilizando a aprendizagem automática. *Jornal da Biblioteca de Economia* 3(2):288-294. http://dx.doi.org/10.1453/jel.v3i2.750

Naseem, U., Razzak, I., Musial, K., & Imran, M. (2020). Embedding contextual inteligente profundo baseado em transformador para análise de sentimento do Twitter. *Sistemas de Computação de Geração Futura*, 113, 58-69. https://doi.org/10.1016/j.future.2020.06.050

Noaman, H. M., Sarhan, S. S., & Rashwan, M. A. A. (2018). Aprimorando modelos de linguagem baseados em redes neurais recorrentes por tokenização de palavras. *Computação centrada no ser humano e ciências da informação*, 8(12), 1-13. https://doi.org/10.1186/s13673-018-0133-x

Pradhan, A., Senapati, M. R., & Sahu, P. K. (2022). Improving sentiment analysis with learning concepts from concept, patterns lexicons and negations (Melhorar a análise de sentimentos com conceitos de aprendizagem a partir de conceitos, léxicos de padrões e negações). *Ain Shams Engineering Journal*, 13(2), 101559. https://doi.org/10.1016/j.asej.2021.08.004

Prottasha, N. J., As Sami, A., Kowsher, M., Murad, S. A., Bairagi, A. K., Masud, M., & Baz, M. (2022). Aprendizagem de transferência para análise de sentimento usando ajuste fino supervisionado baseado em BERT. *Sensores*, 22, 4157. https://doi.org/10.3390/s22114157

Qiu, X., Sun, T., Xu, Y., Shao, Y., & Ning Dai, X. H. (2020). Modelos pré-treinados para processamento de linguagem natural: A Survey. *Ciência China Ciências Tecnológicas*, 63(10), 1872-1897. https://doi.org/10.1007/s11431-020-1647-3doi.org/10.1007/s11431-020-1647-3

Quraishi, A. H. (2020). Análise de desempenho de algoritmos de aprendizado de máquina para revisão de filmes. *Jornal Internacional de Aplicações Informáticas*, 177(36), 7-10. http://dx.doi.org/10.5120/ijca2020919839

Rangila, M. A., Khandke, S., Mohite, Y., & Kamble, K. (2022). Análise Sentimental usando o Algoritmo Bert sobre LSTM. *Revista Internacional de Investigação Avançada em Ciência, Comunicação e Tecnologia (IJARSCT)*, 2(1), 455-459. https://doi.org/10.48175/IJARSCT-7300

Rauf, S. A., Qiang, Y., Ali, S. B., & Ahmad, W. (2019). Usando o BERT para verificar a polaridade das resenhas de filmes. *Revista Internacional de Aplicações Informáticas*, 177(21), 37-41. https://doi.org/10.5120/ijca2019919675

Ray, P., Chakrabarti, A. (2022), "Abordagem mista do método de aprendizagem profunda e do método baseado em regras para melhorar a análise de sentimentos ao nível dos aspectos", *Computação e informática aplicadas*. Vol. 18 No. 1/2, pp. 163-178. https://doi.org/10.1016/j.aci.2019.02.002

Rodríguez-Ibánez, M., Casánez-Ventura, A., Castejón-Mateos, F., & Cuenca-Jiménez, P.-M. (2023). Uma revisão sobre a análise de sentimentos a partir de plataformas de redes sociais. *Sistemas Especializados com Aplicações*, 223, 119862. https://doi.org/10.1016/j.eswa.2023.119862

Saberi, B., & Saad, S. (2017). Análise de sentimento ou mineração de opinião: A Review. *Jornal Internacional de Tecnologia da Informação de Engenharia Científica Avançada*, 7(5), 1660-1666. https://doi.org/10.18517/ijaseit.7.4.2137

Sachin, S., Tripathi, A., Mahajan, N., Aggarwal, S., & Nagrath, P. (2020). Análise de sentimento usando redes neurais recorrentes fechadas. *SN Ciência da Computação*, 1(74). https://doi.org/10.1007/s42979-020-0076-y

Selvakumar, B., & Lakshmanan, B. (2022). Análise sentimental das opiniões dos utilizadores utilizando o BERT. Materials Today: *Proceedings*, 62, 4931-4935. https://doi.org/10.1016/j.matpr.2022.03.678

Sharma, D., Sabharwal, M., Goyal, V., & Vij, M. (2020). Técnicas de análise de sentimento para dados de mídia social: Uma revisão. Primeira Conferência Internacional sobre Tecnologias Sustentáveis para Inteligência Computacional, *Avanços em Sistemas Inteligentes e Computação.* 1045, 75-90. https://doi.org/10.1007/978-981-15-0029-9

Serrano-guerrero, J., Olivas, J. A., Romero, F. P., & Herrera-viedma, E. (2015). Análise de sentimento: Uma revisão e análise comparativa de serviços web. *Ciências da Informação*, 311, 18-38. https://doi.org/10.1016/j.ins.2015.03.040

Socher, R., Lin, C. C., Manning, C., & Ng, A. Y. (2011). Análise de cenas naturais e linguagem natural com redes neurais recursivas. Actas da 28.ª Conferência Internacional sobre Aprendizagem de Máquinas (ICML-11), Bellevue, WA, EUA, 28 de junho-2 de julho, 129-136.

Sudhir, P., & Suresh, V. D. (2021). Estudo comparativo de várias abordagens, aplicações e classificadores para análise de sentimentos. Global Transitions Proceedings, 2(2), 205-211. https://doi.org/10.1016/j.gltp.2021.08.004

Suhasini, M., & Srinivasu, B. (2020). Estrutura de deteção de emoção para dados do Twitter usando classificadores supervisionados. *Engenharia de dados e tecnologia de comunicação; Springer*: Singapore, 565–576.https://doi.org/10.1007/978-981-15-1097-7_47

Sun, Z., Yu, H., Song, X., Liu, R., Yang, Y., & Zhou, D. (2020). MobileBERT: Um BERT compacto com diagnóstico de tarefas para dispositivos com recursos limitados. ArXiv, Abs/2004.02984.

Tan Y. Y., Chow C. O., Kanesan J., Chuah J. H. & Lim Y. (2023) Sentiment Analysis and Sarcasm Detection using Deep Multi-Task Learning. *Wireless Personal Communications*. 129(3):2213-2237. https://doi.org/10.1007/s11277-023-10235-4

Uymaz, H. A., & Metin, S. K. (2022). Análise vetorial de sentimentos e emoções a partir de texto: A survey. *Aplicações de Engenharia de Inteligência Artificial*, 113, 104922. https://doi.org/10.1016/j.engappai.2022.104922

Vaswani, A., Shazeer, N., Parmar, N., Uszkoreit, J., Jones, L., Gomez, A. N., Kaiser, Ł., & Polosukhin, I. (2017). Atenção é tudo que você precisa. 31ª Conferência sobre Sistemas de Processamento de Informação Neural (NIPS 2017).

Xu, G., Meng, Y., Qiu, X., Yu, Z., & Wu, X. (2019). Análise de sentimento de textos de comentários com base em BiLSTM. *IEEE Access*, 7, 51522-51532. https://doi.org/10.1109/ACCESS.2019.2909919

Yafoz, A. (2020). Customer Sentiment Analysis in Arabic Social Media A. Tese de doutoramento, Faculdade de Pós-Graduação e Investigação, Universidade de Regina, Saskatchewan.

Yoshihara A, Fujikawa K, Seki K, Uehara K. (2014). Previsão de tendências do mercado de ações por redes neurais profundas recorrentes. Cham: *Springer International Publishing*, 759-769. https://doi.org/10.1007/978-3-319-13560-1_60

Yuan, L., Wang, J., Yu, L. C., & Zhang, X. (2022). Transformador de modelo hierárquico para geração controlável de sentimento de grão fino. *Information Processing and Management*, 59, 103048. https://doi.org/10.1016/j.ipm.2022.103048

Zhu, L., Zhu, Z., Zhang, C., Xu, Y., & Kong, X. (2023). Análise de sentimento multimodal baseada em métodos de fusão: A survey. *Information Fusion*, 95(fevereiro), 306-325. https://doi.org/10.1016/j.inffus.2023.02.028

Zulqarnain, M., Alsaedi, A. K. Z., Sheikh, R., Javid, I., Ahmad, M., & Ullah, U. (2023). Uma rede neural profunda aprimorada baseada na combinação de GRU e codificador automático para análise de sentimento. Pré-impressão (versão 1) Disponível em Research Square. https://doi.org/10.21203/rs.3.rs-2465465/v1

Zulqarnain, M., Ghazali, R., Mohmad Hassim, M. Y., & Rehan, M. (2020). A classificação de texto baseada na unidade recorrente fechada combina com a máquina de vetor de suporte. *Jornal Internacional de Engenharia Elétrica e de Computadores (IJECE)*, 10(4), 3734-3742. https://doi.org/10.11591/ijece.v10i4.pp3734-3742

MIX
Papier aus verantwortungsvollen Quellen
Paper from responsible sources
FSC® C105338

Printed by Books on Demand GmbH, Norderstedt / Germany